秋田喜代美と安見克夫が

写真で見る
ホンモノ保育

ひかりのくに

はじめに

　本書は、「子どもの憧(あこが)れを育てる」―今、必要なホンモノ保育とは―というタイトルで行なった研修での対談記録に加除を加えた小本です。この本は3つの特徴を持っています。第1点は、「憧れを育てる」「ホンモノ保育」という2つの考え方を中心にすえ、保育を考えてみたことです。子どもの憧れを育てることは、園での遊びや暮らしを通して子ども自身が自分の未来を生み出す学びの過程といえるでしょう。その過程を実践に即してとらえる試みです。第2点は、子どもの育ちを考えていく際に、園の1年間での姿、特に四季折々の季節を生かした日本の園文化のよさを、集団として育ち合う保育の姿の中から考えてみる、都度の出来事や活動を超えて長い目で憧れが育つ過程をとらえる試みを園の1年間の期の特徴を押さえて考えてみることにしました。若い保育者の方々にも園での暮らしの見通しや期に応じた実践の実態が伝われば、という思いからです。そして第3には、そのためには、1年間を教育(保育)課程や年間指導計画の文言で示すだけではなく、子どもの学びの経験の総体としてのカリキュラムの具現化されたようすを、園の1年間の写真から読み解きとらえる試みです。写真を用いることによって実感を持って伝わるその場の雰囲気やようすは、見てくださる方にも言葉以上にわかりやすく、各園で文脈や状況を超えて事例として共有しやすく、保育の専門家の知恵の共有や共感を生み出すものとなるのではないかと考えました。写真と2人の対話を見ながら、若い保育者もベテランの園長先生もご自身の園の1年を思い出し、さまざまな対話のきっかけにしてくださったら幸いです。

　　　　　　　　　　　　　　　　　　　　　　　　秋田　喜代美

この本は、都会の小さな幼稚園に通う子どもたちを四季を通じて写真で綴ったものです。ある研修会で「子どもの憧れを育てる」というテーマのもと、秋田喜代美先生とホンモノの保育について対談させていただいた際にお見せした写真を中心に、編集したものです。写真一枚一枚のキャプションは、わたしの幼児に対する思いからの読み解きです。

　ここに紹介する園は、昭和6年にわたしの両親が創設した民間託児施設を母体とし、昭和26年に恩賜保育所分園として創立されました。そして昭和47年に地元の要請により保育所から幼稚園に改組されました。わたしは、この保育所の中で生まれ育ち、両親から保育者としての人間観を学びました。この間、多くの研究者と子どもたちからもたくさんのことを学び育ててもらいました。この本は、わたしの実践知から選び出した写真に対して、秋田喜代美先生が、ていねいに理論的にまとめてくださり、さらなる実践知を示唆してくださった貴重な記録です。先生方とともに、この写真から1年間の園生活の中に映し出される子どもたちの心が共有できることを願っています。都会の喧騒の中にある「土と緑と木の温もり」を大切にした幼稚園で遊ぶ子どもたちの姿を読み解いてみてください。ホンモノの保育を探究し続けることは、子どもの幸せを大切に願うことでもあります。ぜひ、明日への保育の一助にしていただければ幸いです。

安見　克夫

本書を読み進めるにあたって

- 本書は、 **Y** ＝安見の発言、 **A** ＝秋田の発言として、対談形式で構成しています。
- 1年間の四季を通して、幼稚園での子どもたちの姿を記録した写真を、キャプションとともに掲載しました。
- 写真に該当する本文箇所がわかるように、番号を入れています。
- 春・夏・秋・冬と、季節ごとに分かれています。それぞれの季節ならではといえる活動内容やねらいがよくわかります。

- 「今、必要なホンモノ保育とは」―本日の写真と対談から学んだこと・考えたこと―として、ホンモノ保育の実践方法をわかりやすく図で示しつつ、秋田先生が理論的にまとめています。そして最後に安見先生のまとめです。

　ぜひ、ご自身の園での1年間やこれまで経験してきたことを思い浮かべながら、読み進めてみてください。

●本書の元となった研修での対談データ
日時：平成24年3月28日㈬
場所：東京　ホテルグランドヒル市ヶ谷
主催：公益財団法人　幼少年教育研究所
　　　第92回新幼児教育講座
演目：「子どもの憧れを育てる」
　　　　―今、必要なホンモノ保育とは―
基調講演（対談）：秋田喜代美×安見克夫

****写真で見るホンモノ保育……もくじ***

はじめに ……………………………………………………………………………… 2
本書を読み進めるにあたって …………………………………………………… 4

子どもの憧れを育てる …………………………… 10

春

新しい年の始まり ………………………………………………………… 10
写真 001ブドウの花咲く季節から始まる保育／002 ……………………… 10

新しい子どもたちを迎えて …………………………………………… 10
写真 003心の扉が開くとき／004新しい出会いに心を寄せて ……………… 10
写真 005揺らぐ心を受け止めながら／006／007ひとりぼっちの寂しさ向き合って／
　　　　008自分の居場所が見つかって ………………………………………… 12
写真 009快い緊張が解きほぐれて／010「楽しかった」さぁーお部屋に戻ろう …… 13
写真 011-1〜013自然と向き合うまなざし ……………………………………… 15
写真 014心と心が繋がるとき…／015みんなの心が開くとき ………………… 16
写真 016悲しさを笑顔で返せる心 ……………………………………………… 17

自然とともに科学する心 ……………………………………………… 18
写真 017-1〜018-2子どものまなざしの先あるもの …………………………… 18
写真 019憧れはホンモノを育てる ……………………………………………… 19
写真 020-1〜021小さなパティシエが生まれるとき …………………………… 20

夏

初夏の贈り物 …………………………………… 26
写真 022-1〜023-2初夏日ざしをいっぱい浴びて ……………………… 26
写真 024〜025-2吹き出す小さなシャボン玉に心寄せて ……………………… 27
写真 026-1〜026-4溶け込む笑顔が遊びを弾ませる／027時に真剣なまなざしで ……… 28

自然の恵みを受け取って …………………………………… 30
写真 028-1〜028-6ジャムって作れるんだ ……………………… 30
写真 029〜031-1大人になる憧れが ……………………… 31
写真 031-2〜031-3怖いけど、平気だよ ……………………… 32
写真 032-1〜032-7自慢の家族と共に ……………………… 33

初夏の日ざしを受けて …………………………………… 34
写真 033つややかな小さなナスがなりだすころに／034／
　　　035-1〜035-3いたわる心が育つとき ……………………… 34
写真 036心が繋がる喜びに ……………………… 35
写真 037きれいにしてあげるね ……………………… 36
写真 038-1ぼくの心の指定席／038-2ゆったり・ゆっくり時を味わうとき／
　　　039心がひとつになったとき／040楽しい・うれしい・おもしろい ……………… 37
写真 041〜042子どもたちへの贈り物 ……………………… 38
写真 043-1〜043-2小さな科学者たちが集まって／044-1〜2／045ぼくは小さな航海士 … 39

向夏　水と戯れて …………………………………… 40
写真 046-1〜046-4解放された心と体が笑顔をつくる ……………………… 40
写真 047〜050楽しい夏を満喫して ……………………… 41
写真 051〜054-2すなおな心の扉が開くとき ……………………… 42

作って食べよう ……………………………………………… 44
　写真 055～056-2小さなコックさんがパン作り ……………… 44
　写真 056-3～056-6ふっくら蒸しパンおいししいよ ………… 45

秋

秋がやってきました ……………………………………… 46
　写真 057-1～2子どもたちと共に育ったブドウは／058-1～3お月さま食べてもいいよ …… 46
　写真 059-1～059-2心と心が繋がるときに ………………… 47

晩秋から冬へ ……………………………………………… 48
　写真 059-3～059-6通い合う心と憧れる心を携えて ……… 48
　写真 060～065夢中になったとき笑顔が消える …………… 50
　写真 066日だまりの中での楽しい昼食会／067怖いからおもしろい …………… 51
　写真 068～069挑戦は憧れ／070夢中になって遊ぶとき …………… 52
　写真 071～072-2泡クリームに語り合う子どもたち ……… 52・53
　写真 073-1～074-2土と戯れ、土に遊ぶとき子どもは輝く …………… 54
　写真 075-1～075-5協同が生まれたとき遊びがおもしろい …………… 56
　写真 075-6～075-7穴掘りに引き寄せられる子どもたち …………… 57

✳︎✳︎✳︎✳︎✳︎✳︎✳︎✳︎✳︎✳︎✳︎ 写真で見るホンモノ保育……もくじ ✳︎✳︎✳︎

冬

冬空からの贈り物 ……58
写真 076〜079-2 寒さ忘れて雪と戯れる子どもたち ……58

子どもが心に描く不思議な世界の扉 ……60
写真 080-1 喜びと感動を与えるモニュメント／080-2 虹の橋を渡ってみたい子どもたち ……60

年が明けると新年のもちつき大会が ……60
写真 081-1〜081-5 力いっぱい、真剣そのもの ……60

4月、また春がやってきます ……61
写真 082 また、ホンモノの保育を目ざして ……61

今、必要なホンモノ保育とは ……62
写真と対談から学んだこと・考えたこと ……62
園内研修会から学び得たもの ……75
子どもから学んだわたしの保育 ……76
写真 083〜084 ……76

おわりに ……78

STAFF
装丁・本文レイアウト／永井一嘉
企画・編集／安藤憲志
校正／堀田浩之

春 新しい年の始まり ****************

001

002
入園して数日後の、戸外遊びへ出るときのようす。

新しい子どもたちを迎えて

003

入園式当日、受け付けを開始する前の最終確認のミーティングのようすです。
入園する子どもと保護者の気持ちや、式の流れなどについて確認し、ひとりひとりの保育者が、心からていねいに出迎える気持ちについて確認します。

004

入園式の受け付けのようす。保育者の笑顔が保護者を和ませ、保護者の笑顔が子どもを和ませます。ここにいるすべての人たちがホンモノの笑顔で、子どもの成長する姿を受け止めていきます。

Y わたしの園の1年間の園生活をご紹介しましょう。

　わたしの園は、毎年研究者が園内研究会に2回から3回入って先生方を指導してくださっています。ふだんから大学院の研究生等が研究のためなど、外部からの人の出入りの多い幼稚園です。

　ここに掲載する写真は、秋田先生とわたしとの対談で「子どもの憧れを育てる」をテーマに、子どもが憧れていると思われる姿に近い、わたしなりの保育観で切り出した写真です。

　そのため、美しさや愛らしさばかりが目だつかもしれませんが、この裏側には、子どもたちの無感動や葛藤する場面も時には見られます。その場面も踏まえて参考にしてください。

　1年間の園生活を収録するにあたり、保存されている5年間の写真から選び出したものです。一部年度をまたぐ写真もあり、場面がつながらない環境もあることをご了解ください。

　わたしの園は、「土と緑と木の温もりの中で」をコンセプトに、子どもたちを自然な中で育て、みずからの体験を通して自信が育つことを園の目標に置いています。

001
　4月下旬ブドウの花が咲き始めたときの写真です。わたしの園のシンボルにもなっています。

002
　入園した数日後に戸外遊びへ出るときのようすです。慌ただしい中で子どもたちを迎え、遊びだす時期になっていきます。

003
　新しい子どもたちを迎えるための入園式当日の朝の風景です。

　ここで、新入園児の受け付けをしますが、開始前に園長と主任から最終確認のミーティングをしているところです。先生方は、快い緊張感に包まれ、子どもとの出会いを待ちわびます。

004
　「新しい子どもたちを迎えて」この写真は、親子で入園式のために登園する風景です。

　このように並んでもらって、ひとりひとりが先生から胸にクラスバッジを付けてもらいます。すごくうれしそうですね。

　やはり、子どもの心の中には憧れるというか、普通の日ではないという特別な気持ちがきっとあるのだと思います。

　このように、保育者は子どもの視座に立って、視線を低くし出迎えます。

入園式から1週間。まだまだ自分の居場所が見つからず、入室にとまどったり遊びに入れなかったりする子どもに対して、テラスや外のベンチのコーナーを使って、ごっこ遊びに誘うようにしています。

どんな魅力ある環境を用意していても入室を拒み、テラスデッキで保育者といっしょに過ごす子どもがいます。
この時期は、お着替えができる子だけでなくまだできない子もたくさんいます。この子にとって、家から着てきた制服は心の居場所であり、自分から着替えるときを待ってあげることも大切です。心の折れない芯ができるまでじっと待ち続けるのです。

3歳児が入園して9日目。お母さんが恋しくなり、登園後入室しようとしません。登園時間は、9時30分で降園時間が10時30分の特別時間が組まれています。
まだ、クラスに入るにはとまどいがあり、テラスで着替えもせずに泣いています。

3歳児の4月下旬。居場所が見つかり、3歳児クラスの子どもがテラスで仲よく絵本を読んでいます。それを見るS子ちゃんは……。

> Y 幼稚園が始まるとなかなかお着替えができなくて泣いているお子さんがいたり、やっと自分の居場所が見つかって、そこにいる子といっしょに持ってきた本を互いに読み始めて、その居場所を自分たちの心の場として過ごしたりします。
> 　絵本は、子どもたちにとって小さな心の居場所であり、仲間をつなぐ道具でもあります。

子どもの憧れを育てる

＊＊＊＊＊＊＊＊＊＊＊＊＊＊＊＊＊

４歳児から進級したＡ児は、４歳児のときから仲のよい友達がまだ登園して来ないといって、友達を待ちわび、クラス前の花咲くカイドウの木に登り、遠くのサクラの花咲くツリーハウスを見つめている場面です。友達が来たらあそこで遊ぼうって決めているのかもしれません。４歳児はクラス替えと担任替えがあり、クラスの半数が入れ替わります。この子のクラス担任は持ち上がりです。

５月の３歳児のようすです。園庭から保育室に移行する際、保育者は、遊びやおかたづけをともにしながら、保育者はひとりひとりにおかたづけを促していきます。なるべく自分から入室できるよう待ってあげることを大切にしています。遊びの最後は、先生と駆けっこで、よーいドンで競争して入室します。これを何度となく繰り返し、最後は１対１での駆けっこをして、みんな自分から入室できるようになります。テラスでは、保育者が「お帰りなさーい」と声をかけ、降園の身じたくに入ります。

Y 009 年中から年長に進級した子どもが、保育室前のカイドウの木に足を掛け木に抱き付きながら、遠くにあるサクラの木のツリーハウスを見ているので、「あれっ」と思いシャッターを切った写真です。サクラの花の美しさを眺めながら、快い緊張を解きほぐしているかのようでした。時に子どもは、ひとりで、小さな自分だけの空間を求めるときもあるのです。

010 わたしの幼稚園では、「お部屋に入りましょう」という一斉のことばがけはありません。個別にことばがけをしながら、その子が自分の力で入室できるよういっしょに遊んだ道具などをかたづけた後、どちらが速くお部屋まで行けるか「よーイドン」で先生と競争をしながら入室を促します。

毎日こうやって繰り返すことで、自発的に部屋に入ってこれるようになります。時には、遊びの思いが断ち切れず遊び続ける子どももいます。こうした子どもには、何度も、声がけをしながらその子の心の整理がつくまで待つのです。ひとりでいることに気づけるようになったり、そろそろ帰ろうかと入室に前向きになれるようになるものです。

13

新学期の4月・5月・6月には、子どもたちの不安定な心が安定化するまで、時には保育者が主導したりしながら魅力ある環境を用意し、子どもたちが主体的にかかわれるよう工夫します。なるべく自然を通した環境の中で、子どもたちの自発性を促す取り組みを取り入れています。登園しながら、子どもたちが大好きなイチゴを自由に摘み取り味わうことができる環境を用意しています。毎年秋にシュート（分枝）した苗イチゴを年明けに植え付けます。そして、3月の終わりごろから白い花を咲かせ、小さな緑のイチゴの実がなり始めます。

子どもって、おもしろいですね。まだ赤くなるイチゴが少ないとき、白くてもっとも大きいのを摘み取るのです。食べるとゴリゴリして酸っぱくまずいって吐き出すんです。

でも、すごいと思ったのは、ある朝、5歳児の大柄な男の子が登園して来て、自分でやや色づき始めた小さなイチゴを食べようとしたとき、3歳の小さな女の子が、その体の大きい子に向かって、「それはすっぱいよ」「まずいよ」と言うのです。

わたしは、子どもにホンモノの体験ってどれほど大事なことかを3歳の子どもから学びました。あの小さな3歳児がこんな大きな5歳児に向かって、実際に食べて体験したからこそ言える言葉なのです。体験と実感が伴うと、確かな自信に結び付くのです。

子どもたちが体験を実感しながら、好きなときに好きなだけ摘み取って食べることが許される環境を用意しています。

でも、時には、悲劇が起こります。大きく熟れたイチゴを明日摘み取って食べようと期待して帰った子どもが、翌日朝一番に登園して来て、摘み取って食べようとしたとき、おもしろいですね。イチゴを摘み取るときのドキドキ感は、子どもにとっては期待と喜びに満ちあふれる瞬間です。でも無情にも、そのイチゴの裏側は、ムクドリにしっかり半分食べられてしまっていたのです。子どもはがっかりした表情で摘み取ったイチゴを投げ捨ててしまうのです。その悔しさは、投げ捨てる捨て方でその心が伝わります。

ムクドリに聞いたわけではありませんが、ムクドリは、高いところから見えるイチゴの場所を最後まで覚えておくために、上からは食べないそうです。裏側から食べていって、いつもあそこにイチゴがあるのを自分で記憶するのだそうです。

子どもの憧れを育てる

㋶夏野菜のトウモロコシの穂先を観察する子どもの真剣なまなざしが……。

㋑㋛初夏の走りに、年長（5歳児）さんたちがプランターや小さな畑に夏野菜の苗を植えます。キャベツやキュウリ・ナス・トマト・スイカにメロン、そしてカボチャなどなど。少し育ち始めたころ、図鑑から各自がメロンやスイカのプレート作りを楽しみます。「なるかなー」と期待を膨らませながら、自然からの恵みに期待と関心が生まれます。

㋱㋑5月中旬。真剣なまなざしで5歳児がイチゴをじっと見つめながら……。

5月下旬。3歳児が真っ赤なイチゴを見つけてのぞき込む……。心の思いは……。

　この写真は、先生と子どもがイチゴを見つけて摘み取って食べようとしているところです。また、夏の植栽といって、そのほかに、どこの幼稚園でもあたりまえに植えて、その観察をしていくのでしょう。スイカ・ナス・トマト・メロン、いろんな物を子ども自身の手で植えられるよう植えてあげます。そして、そろそろ色付いたかなと思って、こんなふうに自分でイチゴを見ている写真です。

　子どもの行動をよく観察していくと、こういう写真が撮れるし、先生方もその子がより深く見えてきます。こんな子もそうです。どんな思いでじっと見ているのかはわかりませんが、赤くなっているイチゴを食べられるかなと、多分そんな思いがあると思います。

15

✳︎

5歳児4月中旬。生活にも慣れ、仲間といっしょに伝承遊びを楽しむ3人。

5月中旬。春の遠足会。葛西臨海公園にて。広い芝生で、子どものゲーム遊びや、親子での運動遊びを楽しみます。埼玉県・川口グリーンセンターと年ごとに交代して行きます。秋の遠足は、ブドウ狩り、イモ掘り、ナシ狩りで、毎年変わります。3年間でそれぞれが経験できるよう計画されています。

子どもの憧れを育てる

> ⁰¹⁴これは年長の5歳児です。春先、サクラの花がだんだん散り始めたころに仲間ができて、ちょっとしたスペースでこういう遊びもしているところです。
> 　⁰¹⁵これは春の遠足です。親子で遠足に行きます。子どもたちがみんなで集まったり、また親子でゲーム遊びをしたりという、ごく普通にどこの幼稚園でも行なっていることです。
> 　⁰¹⁶これもそうです。この子は多分、先生と何かトラブルがありました。でも、先生が横で優しく笑っているのがすごくいいです。2枚撮りましたが、この前の写真は真剣に向き合っています。話が全部わかったので、先生が「ああ、そんなことか」ということで、ほほ笑んでいるところです。

016
先生の笑顔と子どもの泣き顔が印象的です。
この子をよく知っているからこそ、笑って対応できる一場面……。

＊＊＊自然とともに科学する心

㊅毎年、子どもたちはイチゴの収穫祭を行ないます。子ども自身がジュースを作り、お金を作り、ショートケーキを作り、お店屋さんごっこを始めます。作るワクワク感と真剣なまなざしの向こうで、何を考えているのでしょうか？　自分たちで考え、試行錯誤しながら作るイチゴジュース。仲間が注ぎ込む水に、真剣なまなざしを向けてくるSくん……その心の思いは……。

㊆レジの準備も整いました。子どもたちの意気込みが伝わります。

ジュースとケーキのお店が開店です。メニューはこちらでーす。

おいしそうなカップケーキができ上がりました。「きれいですね」

ジュースを売る子どもたちの自信に満ちあふれた顔が印象的。

ジュース作りで試行錯誤する子どもたち。「どうかなー、うれるかなー」「まずい」と試飲する仲間。

保育者が黙っていたら、「ねえ、うすくなーい？　でも、おさとういれれば……」水の中に砂糖を入れた瞬間、「きれい、せんせいみてみて、ゆきがふっているみたい」と、思わず呟いた子どもの言葉に感動……。持ち方、入れ方、注ぐ量、砂糖の入れ方など、皆考えながら、真剣そのもの……。

子どもの憧れを育てる

毎年、5月下旬にイチゴの収穫祭を行ないます。

摘み取ったイチゴと購入したイチゴで、ジュースを作ったり、ケーキを作ったりして、お店屋さんごっこを楽しみます。昔は家庭用のミキサーでしたが、ここにあるミキサーは、皆さんが一度は見たことのあるデパートのジュース売り場にある蛇口の付いたミキサーです。この蛇口の付いたミキサーが、幼稚園には4・5台あります。実は、最初は普通のミキサーでやっていました。なぜ切り替えたかといいますと注ぐときに保育者が手伝わないと重くてできないのです。ピッチャーのように持ってやるとなると、ミキサーは中にジュースが入るとかなり重いです。でも、これは蛇口が付いていて子どもだけでできるので、蛇口付きに切り替えました。子どもたちは、こんなふうにしてジュース作りを楽しみます。

ジュースとカップケーキ作りをしていく中で、子どもたちには、科学する心が芽生えていきます。

わたしは、ここがすごくおもしろいなと思って取り上げました。実は、これにいっぱい入れるとコップ30杯分取れるのです。30人分のイチゴジュースを作るのに、子どもたちは、イチゴをたったの1個、入れてゴーッと回すのです。ジュースができると思うみたいです。でも、1個では向こうが透けて見える濁った色のない水です。それを飲んでみます。青臭くて思わず「ダメ、ダメ、まずい」と苦笑いします。すると子どもたちは次に砂糖を入れることを思いつくのです。「せんせいみて、きれいだね。ゆきみたいだよ？」と自分の過去の体験を蘇らせ、経験したときの情感をこんな小さなガラスの器の中に再現するのです。このことが子どものすばらしいところだといつも思っています。

そして、次にイチゴを何個か入れ、「このくらいでいいかなー」と言いながら、子どもは何度も何度も味見を繰り返し、売っているジュースにたどりつくのです。

そして、何個入れたら、このくらい入れたらと、子どもは何度も何度も味見をします。売っているジュースにようやくたどり着いたら、お店屋さんごっこをやります。真剣に売り買いをしていて得意です。こちらの坊やは、ほんとうに真剣なまなざしで、どのくらい入れてくれるのかと見ています。

お店屋さんごっこをしている場面です。真剣に売り買いを楽しんでいます。この真剣なまなざしと、自信に満ちあふれた得意顔です。買う側の子は、ほんとうに真剣なまなざしで、どのくらい入れてくれるのかと見ています。

19

020-1〜6

　同時にケーキ作りも始まります。最近は安全で衛生上もすごくよくなってきて、生クリームやスポンジケーキも手に入るようになったので、子どもたちは、ケーキ作りに挑戦します。
　子どもたちは、ケーキ職人にでもなったつもりで「せんせい、ケーキってつくれるんだね」と言ったのがとても印象的でした。男の子も女の子も真剣になって、大人の世界では到底売れませんが、子どもたちはとても個性的で、凝ったすばらしいケーキを作ってくれます。

020-1
ふだんは体を動かすことが大好きなM児。真剣なまなざしでケーキ作りに夢中になって、新しい自分を見つけた瞬間かもしれません。

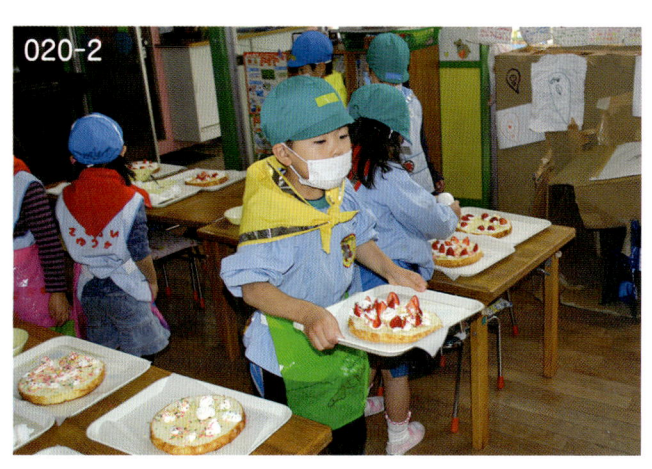

020-2
「ねぇー、ケーキってつくれるんだ」

020-3

020-4

020-5
㊧真剣なまなざしで「パティシェ」になった子どもたち。

020-6
でき上がったケーキを得意げに、「ケーキできましたー」と。

それを3歳の子どもたちは、うれしそうに食べています。

021

20

A まず最初に4月の入園の後のようすから、考えてみたいと思います。テラスの子どもたちは、洋服をまだ着替えていません。園によって違うと思いますが、まず、着脱ができるようになっていって、先生が、子どもがリラックスできるような「居方(いかた)」で受け入れながら、親しみが持てる姿勢で対応されています。

P.12は、その辺りの風景です。まだまだ先生のそばにいたいという子どもたちの姿です。なおP.10の写真は、先生方の入園とこれは準備の姿で、こういう準備がとても大事だと思います。総じて、安見先生が、「自分でいろいろなことができるようにしていくんです」と言われました。

わたしは、安見先生とのご縁で入園式にも出させてもらったり、いろんなことをこの園でさせてもらったりしてきています。印象に残っていることのひとつは、担任だけでなく、わたしでもだれにでも、3歳児は不安なのでくっついてきます。そういうときに先生が、抱き締めて、子どもの手を握ってしまうのではありません。例えば、園庭に線を引くときに、安見先生は、「いつも自分の指を子どもに握らせるんだ」とおっしゃいます。小指を握っています。

『保育の心もち』(秋田喜代美・著　ひかりのくに・刊)という本に書きましたが、それはどういう意味か。子どもが自分で外に遊びに行きたいとか、先生から手を離したいと思ったときに、いつでも離せるようにしながら、子どもの傍らにいます。子どもが不安なので、もちろんひざに抱いてあげたりすることもあるでしょう。しかし、いずれ子どもが自分で遊びだせるような見通しを保育者は持ちながら、子どもの不安に付き合っていくことが大事だと思います。

これは、この園だけではありません。わたしは、ある別の園の先生にこんな話を聞いたことがあります。4月の終わりごろ、3歳で入った子どもが、園で自分で作った物を手にいっぱい持って、靴箱の前でたたずんでいました。置けばいいけど、両方にバッグと物を持ったら靴が出せなくなってしまいました。そういうときに、その先生はこう考えました。「先生が持っていてあげるよ」という言葉もかけられるでしょう。また、「そんなところでボーッとしないで、早く動きなさい」と声をかけることもできるかもしれません。でも、明日からまた同じことが起こったときに、子どもが動きだせるにはどういう言葉をかけたらいいかと考えたときに、「ここにこう置いたらだいじょうぶだよ。壊れないからね」と声をかけます。こういう見通しを持った配慮が子どもの主体性を育てていくのです。

***「4月の時期に、不安の中で保育室になかなか入れない子どもたちがいる。そういうときに、それぞれの子どもの拒否するタイプに合ったかかわり方がある」というお話を安見先生がよくしてくださいます。そのお話を安見先生に直接うかがってみたいと思います。**

　入園の時期は、登園を拒む子がちらほらいます。そういう子をどうやって受け入れてあげることがいちばんいいのかと考えます。
　まず、入園を拒む子は、どういう子たちなのかと考えると、いくつかのタイプが見えてきます。
　ひとつ目のタイプは、家から幼稚園に行くのはイヤだと言って、家から一歩も出られない子です。
　2つ目のタイプは、お母さんとすごくにこやかに来るのだけれど、園の門から入ろうとすると、そこからちょっと重い足取りになって、お母さんのスカートをギューッと握りながら、お母さんに引きずられるように入ってくるタイプです。そして先生の手もとまで来る子どももいます。
　3つ目は、保護者といっしょに来るけれども、保育者が近付くと、すっと身をかわし、保護者の後ろに身を隠す子どもです。
　そして、4つ目のタイプは、ものすごく大泣きをして、何を言っても受け付けないタイプの子どもです。
　わたしは、それぞれの子どもには心の不安感や恐怖感があり、その深さの違いによる行動だと感じています。こうした子どもたちには、ひとりひとり違った対応をしなければいけないと考えています。実は、受け入れるときに、それぞれのタイプによって対応を考え、そういう子どもひとりひとりに合わせて心をつないでいきます。
　お話しをすると長くなってしまいますが、ひとつ目のタイプの家から出られない子に対しては、10時ごろお散歩に出かけ幼稚園の前を通るようにアドバイスします。園に無理やり連れてくることはさせないようしています。
　2つ目のタイプの子は、比較的対応しやすく、園にある丸いフープを、さりげなく、わたしがその子の脇に投げていきながら、徐々に関心を向けさせていきます。最後は、必ずその子の前にフープが止まるように投げ、わたしが取りに行くのです。その際、ちょっと頭をなでてあげればいいのです。子どもというのは動くものに目を奪われ、そのフープの動きに気が

子どもの憧れを育てる

取られてしまい、一時的に泣きが止まるものです。そこがかかわりのチャンスです。お母さんもいっしょですから「ほらほら、園長先生からフープがきたから持っていってあげて」と子どもとわたしをつないでくれるのです。次に止まったフープは、必ず拾って手渡ししてくれるのです。

　そして、3つ目のタイプは、人を怖がっているタイプの子なので、保育者は、ほとんど干渉しないで見守る姿勢を取っていきます。そして、時折保護者とにこやかに話をするように心がけ、保護者との親しい間柄を見せ安心感を育てていきます。そして、その子の興味あるモノを読み当てていきます。

　4つ目のタイプは、火がつくように泣いていてどうにも対応がしようもないタイプの子です。

　この子は、保護者は不憫に思うのですが、少し泣くままにして、時には保護者もいっしょにいてもらうようにしています。保護者が付き添っている間は、子ども同士のつながりや保育者とのつながりを作るのが難しいので、その子の心の中に、安心感の芽生えるのを待つのです。

　心が少し安定したころ、その子に指を1本出して、少し強い口調で「先生といっしょにウサギさんのところに行く」などと誘い、拒否したときは、自分が1本の指だけを出して、「先生といっしょに来る？」と伝え、泣いていても「先生はちょっと行かなければならないけど、来る？」「どうする？」と優しく声をかけるときもあるし、ちょっと強めに「どうする？」「ここにいたら、ひとりになっちゃうよ」と声をかけるときもあります。すると、わたしの指をギュッと握ってくれます。

　そんなことを一歩一歩やりながら、無理やり保育室に入れるのではなくて、何日も何日もかけて、その子がほんとうに居心地のよい場所が見つかるまでゆったりとかかわっていきます。

　わたしは決して抱きません。先ほど秋田先生からお話があったように、抱いていると、その子の興味がどこに向いているのかが見えません。

　また、毎日少しずつ拒む心が和らいできた子どもには、牛乳キャップに絵を描いて、お帰りのときに「今日、先生と遊んだね。これ、持ってて」と言って、その子のカバンの中に1個入れてあげるのです。翌日来ると、また泣きます。そうしたら、わたしも誇らしげにもう1個同じ絵の付いた牛乳キャップをこうやって見せて、「きのう、これで遊んだよね。持ってる？」というふうにつないであげることを繰り返していくことで、子どもたちの心を解きほぐすよう心がけています。

A 　今のエピソードでとても大事なことは、ホンモノの保育、憧れにつなげていくためには、先生が受け入れるという感覚だけよりも、フープだったり、前に話を聴いたときは、例えば砂だったり、それを子どもの目の前にサラサラと落としてあげるということです。3歳で入ってきた子どもは、最初は全体の漠然としたものに不安を持っています。その子どもが、ある特定のものにすっと出会っていく、しっかり出会うということとのつなぎ手としての保育者の役割です。

　先生が、あなたとわたしの世界、子どもとわたしの世界をつくるのではありません。もちろんそういうことが必要な子もいますが、あくまでも子どもと先生の間に、子どもが関心を持てる意味のある世界をつないでいく行為です。

　保育室に入れない子どもが、ただいるだけではなくて、園庭にも保育室にも広がるような場を設けながら、その中で先生も場に入って役になりきりつつも、子どもの好きなものに1回スーッと子どもを誘い入れています。しかしもう一方では、いつでも離れたり、友達とつながりながら世界を開けていくような位置取りにいる。この保育者の「居方」に学びたいと思います。

　先生がどう言葉をかけるかは大切ですが、あくまでも保育の哲学として大事なことは、先生がすべて教えるのではなく、子どもが価値あるものと安心して出会っていくための場の構造をつくり出していくことです。

　先生の傍らには制服を着たままの子もいます。自分でだんだん落ち着いて入っていけるようになるという意味で、廊下のような境の部分や、みんなが行き会っていく園庭は大切です。そうした場が、大人からは慣れてしまうと見えにくいけども、子どもの心にとってとても大切な空間です。子どもにとってはさまざまな心理的ハードルがあって、それを受け入れながら進んでいきます。そのための位置取りが、こうして写真をていねいに見ていくことで見えてくると思います。

　絵本のコーナーなどに小さなベンチを置くことで、2人がつながって安心して出会えます。4月には3歳だけが新しいのではなく、4歳の子どもには4歳の進級の不安であったり、各々の子どもの環境変化をどうとらえていくのかということです。

　思い切り駆けっこをしながら中に入ってきます。そのうちに引きずられながら入ってくるというのでしょうか、先生が言葉で動かすのではなくて、皆で行なう活動の中でおもしろくなるよう、巻き込んでいきます。先生に

次の見通しが持てないと、この動きはつくれません。ゴールデンウイークでまた前の不安定な状況に一度は戻ることもあるでしょうが、こういう出会いづくりの部分が4月の時点でとても大事なのかなと思います。

011～013
　5月には、今度はより長いサイクルでかかわっていくイチゴであったり、育てていく植栽と子どもが出会っていく場面を見せてくださいました。そこで大事なことは、子どもの姿をじっと見守っていくことによって、友達とつながることをまず第一に考えるよりも、物を介して子どもと子どもがつながっていく部分も見えてくるでしょう。

　また、子どものタイプによって探究のあり方もいろいろです。体験というと、大きな動きのある活動や五感の中でも目と耳だけを体験として大事にしがちですが、味覚や触覚も含めどれも大事です。

　安見先生がよく言っておられたのは、おもしろいものでも一瞬は関心を持ちますが、そのうちにすぐに飽きる子もいます。そのときに、どうやって子どもとものをつないでいくのかということです。例えば、栽培物にかかわるちょっとした活動が入ったり、また、その間にお兄さん・お姉さんが描いた植物の絵があったり、何らかの活動を支えていくものが必要になります。例えば鉢を置く位置取りの高さをちょっと変えてあげる場合もあります。長い目で見たときに子どもの関心を支え続けていくことができる活動にしていくための支援が大事なところかと思います。

017～019
　ジュース屋さんも先生たちは、裏では衛生面に配慮し非常に工夫・苦労しながらやっておられます。クラスの先生たちが共同で計画を緻密に立てていくことによって、実はこういう活動ができる。憧れは担任の先生ひとりで育てるのではなく、子ども同士、先生同士がお互いに協力し合って育ち合っていく姿の中で生まれていくことを、写真から見ていただけるとよいのかなと思います。

　わたしがいいなと思う写真は、自由にどこでも選んで食べられるとか、子どもの選択を保障していく機会が数多くあることです。子どもが主体的に選んだりかかわったりの余地をどれだけ保障していくのかが、ひとつひとつの保育の深まりをつくっていくと思います。

020～021
　大人もそうですが、子どもは食べ物に魅かれます。食にかかわる活動はほんとうに大事な園の中のひとつの活動ではないかと思います。そういう意味で、お弁当や給食の時間、そして、食育の流れをもう一度見直してみるといいと思います。

夏 初夏の贈り物 ✳︎✳︎✳︎✳︎✳︎✳︎✳︎✳︎✳︎✳︎✳︎✳︎✳︎✳︎✳︎✳︎✳︎✳︎

022-1

初夏が……。子どもたちは、毎年自分でミニトマトを栽培しています。ある日、5歳児が保育者と自分のミニトマトの赤ちゃんを見つけて、喜び合う。安心感や安定感があるからこそ、ひとつの点（トマトの赤ちゃん）に2人の目が向けられる。保育者と子どもの絆の深さが読み取れる。

022-2

023-1

カブトムシの幼虫の世話をしながら、何やら数人の子どもたちが話し合っています。ほうきで清掃している子どもが、何やら見せているようすです。

023-2

初夏から夏に向かうころ。仲のよい5歳児2人が、コイにエサをあげているようすです。
1粒ずつエサをあげるしぐさがおもしろい。

Y 022-1・2
　子どもたちは毎年、5月に夏野菜を植えていきます。先生と自分たちが植えたミニトマトですが、小さな実が付き始めたところを子どもに気づかせいっしょに観察しているところです。子どもたちの観察力は、好奇心や興味関心によって、生み出されていきます。この力を十分に高めてあげるためには、保育者の繊細な心の誘導が必要なのです。

子どもの憧れを育てる

「ねぇねぇ、これどうなっているの」などと投げかけ、そのかかわりに手応えを与えてあげることが、その子の科学する芽を芽生えさせるのです。

　カブトムシの幼虫の世話をしている場面です。互いに「こうだの、あーだの」と豆博士同士が語り合っている場面です。

　5歳児の4月からの生活を見ていると、次第に子ども同士の群れる姿が大きくなってくるのがわかります。仲間ができつつあるのです。心を共有し合えるようになってきているのです。幼稚園のテラスの前からデッキが出ていて、そこで子どもたちがよく群れて遊んでくれます。

　6月初旬。梅雨前の心地良い時季に、初夏の風を受けてシャボン玉遊びをしています。3歳児4人が一生懸命吹き飛ばそうとしていますが、なかなかうまくいかずに……。

　自分でシャボン玉を膨らませようと、何度も何度も失敗しながらがんばる3歳児のようすです。次は、次はと慎重に、そして真剣なまなざしに。この後、思わず「できたー」の誇らしげな笑顔に、シャッターを切り忘れ……。

　5歳児になるとさすが上手にシャボン玉を吹きます。3歳のこの子たちは一生懸命にやっていてもなかなか吹けません。けなげに何度も挑戦する姿に心打たれたので紹介してみました。

024

6月初旬。梅雨前の心地良い時季に、初夏の風を受けてシャボン玉遊びをしています。3歳児の4人が一生懸命吹き飛ばそうとしていますが、なかなかうまくいかずに……。

025-1

025-2

3歳児が一生懸命吹こうとするのですが、なかなかうまくいきません。5歳児（青い帽子の子）の吹く姿に、憧れが生まれます……。

27

A 　3歳児が5歳児とふれ、その活動中に憧れ体験ができるような空間的位置取りをどうデザインしていくかというのも、各クラスの保育室内でできることを超えて園ならではの魅力です。
　そこに憧れていくという構造が育ちます。あたりまえのことですが、この心の動きが大事なところだろうと思います。

初夏の園庭で、何やらおしゃべりが楽しい。やっと、語彙も増え、互いが通じ合えるから語らいが楽しくてしょうがない場面。ホンモノの笑顔を見せてくれました……。

Y 　そうですね。子ども同士がつながり始めて、子どもがすごくいい笑顔をしている場面だったので写真を撮りました。心から楽しそうに語り合っています。わたしは、こういうゆったりとした時間をつくってあげることは、子どもたちにとってすごく大事な時間だろうなと思います。目先だけで追い回していくのではなくて、子どもがひとつひとつの時間の中で友達とこうやって語らい合うことをすごく大事にしてあげたいと思います。
　この後この子は、ひとりになって、こんな真剣な顔も見せます。自分の作った道具を真剣なまなざしで見て何か考えています。子どもはこのようにすごく真剣な表情に変わるときがあります。何を創造しているのでしょうか。

真剣に、ひとりで考えて工夫しているようすの一場面。何を創造しようとしているのでしょうか？

子どもの憧れを育てる

＊＊＊＊＊＊＊＊＊＊＊＊＊＊＊＊＊＊＊＊＊＊＊＊＊＊＊＊＊＊＊＊＊＊＊

A 緊張がほぐれる場面と、興味を持って急に真剣に変わる場面のリズムを保障してあげることが、子どもが経験の中で自分らしく生きる時間としてとても大事です。今日、保育で何をするか、どうやってやるかという活動の展開を進めるという発想だけではなくて、子どもの側の持っているリズムに応じることが大事だと思います。これは、ピンクの帽子なので年中（4歳児）さんですね。

Y そうです。年中（4歳児）です。

A この子は、何かのために箱を使おうとして工夫をしています。たったひとつの箱の使い方ですが、こうした空き箱などが3・4・5歳でどう使われていくのか、子どもがどのように表現のモチーフに生み出していくのかを見てみると、ただ、何か廃材を用意しておけばいいんでしょうではなくて、3歳の遊び方、4歳の遊び方、5歳の遊び方、また1年でも春と秋の違いというように育ちに合わせた廃材の利用やその子ならではの利用を見ていくと、とてもおもしろいと感じます。

　レッジョ・エミリアのレラ・ガンディーニさんが来られて、保育研究会をしました。そのときに、わたしが学んだことがあります。例えば、わたしたちは、仮名文字の「あいうえお」を覚えたかどうかみたいな「ＡＢＣ」という順序はわかりますが、子どもの中で、書き言葉の前に周りにある、世界というのでしょうか、周りの世界にある物とのかかわりのＡＢＣを見つけていくことの大切さです。箱ひとつでも、紙ひとつでも、子どもが育ちながら同じものをいろいろなかたちやかかわりで使えるようになっていく経験を見つめていく。すると、こんなふうに子どもが使えるようになったという、ＡＢＣ経験の幅の広がりや変化という大人側に気づきが生まれます。そのためには子どもが自由に工夫できるもの、こういう箱ひとつでも、そこにまなざしを向けて子どもとのかかわりをていねいに見ることに意味がとてもあると思います。

✳︎✳︎✳︎自然の恵みを受け取って✳︎✳︎✳︎✳︎✳︎✳︎✳︎✳︎✳︎✳︎✳︎✳︎

028-1

たくさんのアンズが実りました。

㊨6月の下旬。毎年、全年齢でアンズのジャム作りを楽しみます。3月に白い花が咲き、小さな果実が実り始め、青いウメの実ぐらいに育つころ、待ち切れない子どもたちは木に登り、青いアンズの酸っぱさに体を震わせます。そして、色付き始めると、梯子を掛けて収穫が始まります。収穫すると、きれいにむいて冷凍し、ジャム作りの日まで収穫していきます。

028-2

028-3

㊤落としたアンズをみんなで切り刻み、食べ比べをします。

028-4

アンズのジャム作り。お部屋のIH調理器具で煮詰まる過程です。

028-5

028-6

子どもの憧れを育てる

Y 小さな幼稚園ですがアンズの木があります。初夏に入り６月の中ごろから、果実がものすごくたくさんなります。最近はどうもなりが悪いですが、今年は、いっぱいなりました。
　子どもたちは、いつでも自由に木に登り実をもいで食べ始めます。そして、自分たちで収穫したアンズでジャムを作って、園で試食して、ひと瓶ずつ持ち帰ります。

⊥木に登り、実をもぎ取る笑顔はすばらしい……。

　こんな長い梯子を掛けてあげると、子どもたちは、思い思いに木に登ってアンズを取って下から見上げている子と連携して、収穫します。
　これは渡しているところです。下に子どもたちがいっぱいいます。
　登りたい子が登って取るという感じです。自分たちで木のてっぺんまで登っていきます。

アンズの木に思い思いに登り、下で待つ子どもに……。

A この「ちょっと危ないけど、だいじょうぶ」という緊張と挑戦の同時感覚が生まれる場や機会が大事ですね。

✳︎

031-2・3

Y 　木から転落することはありません。下からいきなり声をかけなければだいじょうぶです。「○○ちゃん気をつけて」とか「だいじょうぶ？」って下から声をかけると、気を取られて子どもは手を離してしまうことがあります。
　もし声をかけるのであったら「何か見えますか？」と言ったほうがいいですね。そんなふうにして声をかけてあげると、心を支えている安心感と安定感があるので、子どもはどんどん高いところに登って行きます。

A 　アンズの経験は「自然とふれあう体験」と思われがちですが、実はそういうときに登る力が育っていったり、集中する力が育っていったりします。「何が見える？」と言われることでていねいに見る力が育っていきます。そういう必然的に生まれる挑戦感覚こそ実はホンモノの保育の中で大事なことだと思います。
　もちろん、「いや、うちの園では、園長先生にそういう危ない経験は禁じられているわ」とつぶやく方ももしかしたらおられるかもしれません。各園でご自身の中でどういう挑戦を子どもたちに保障できているのかを見てみたいと思います。事例としては、「ああ、うちの園にはアンズはないわ」とか「イチゴはやらないわ」であっても、その経験の本質としての対象に深くかかわる中で生まれる挑戦していく姿を見ていただけるといいのではないかと思います。

子どもの憧れを育てる

6月の親子ふれあいデー。毎年父の日に、家族で体操遊びをしたり、木工製作をしたり、紙で製作したりしながら楽しむイベントです。

親子ふれあいデーでの体操遊びの始まりです。

親子合作の木工コリントゲーム。お父さんは、子どもの一番好きなモノがわかっているんですね。

パパが作ったコリントゲームを誇らしげに手にする5歳児。

お父さんといっしょに木工でコリントゲームを作る5歳児。

> 032-1〜3
> うちの園では父の日の参観日に親子で参観方々、家族で遊んでもらいます。そのとき子どもの自慢げな表情があったので、ちょっと載せてみました。正直言って、子どもは、お母さんとお父さんのそばでいっしょにいることがやっぱりいいんだなと思います。足に絡み付く、お母さんといっしょのときの得意満面な笑顔や、お父さんの肩車に乗っている子のうれしい笑顔は、われわれが保育をしている中ではなかなか見ることができません。

✳︎✳︎✳︎初夏の日ざしを受けて ✳︎✳︎✳︎✳︎✳︎✳︎✳︎✳︎✳︎✳︎✳︎✳︎✳︎✳︎✳︎

初夏の日ざしを受けて、子どもたち（5歳児）が植えたナス・キュウリ・スイカ・メロン・トウモロコシなどが実り始めます。

6月下旬。「みどりぐみのみなさんへ」と、お手紙を読む子どもたち。

> **Y** 034
> これは年長さんです。
> 手紙を子どもたち同士で読んでいるところです。
> 6月下旬。「みどりぐみのみなさんへ」と、お手紙を読む子ども。遊びの中で、しぜんと身につくよう、お手紙ごっこや植栽のプレート作り、そして、お店屋さんごっこでのメニュー作りなど、園生活には、たくさん文字に親しむ機会があります。読めるようになる喜びは、大きな自信でもあると同時に、読める・わかるが自慢です。

いつの間にかひざの上に優しくウサギを乗せ抱いていると、ウサギから「そう、そう、これでいいよ」と教えているかのように、おとなしくなり、あおむけで、エサを食べてくれるようになります。そのときが、心が伝わり合う瞬間なのかもしれません。自分の経験で、こういう抱き方をすればウサギが自分と向き合ってくれるというのがだんだんわかってくるんですね。

⊕5月下旬。ウサギの抱き方を学び合う仲間たち。

ウサギを抱き抱える手の優しさは真剣そのもの。思いやる心がしっかりと育ち持っている5歳児です。

子どもの憧れを育てる

Y 園にはウサギがいっぱいいて、昔は30羽近くいましたが、今は半分ぐらいになってしまいました。ウサギも子どもたちが自分たちで育てています。ケージから出して園庭で放そうが、ごっこ遊びで仲間として加えて遊ぼうが、子どもたちがしたいようにさせてあげています。

A 見ていますと、ウサギの抱き方が仲間同士でだんだん伝承されてうまくなっていったり、ごっこ遊びで物を介して子ども同士の間で技が伝承されていきます。人工の物でも生き物でもそうですが、暮らしの文化に出会うことで、互いに姿やしぐさを見合う中で、子どもは育ち合っていきます。

Y そうですね。

A 園で保育者ひとりが何でもやらねばと思わないで、子ども同士のつながりをつくり、子どもに任せていくことが大事だと見える写真だと思います。

Y 保育者から意識的にウサギの抱き方を教えたりということも大事だけれども、子どもたちが、自分なりに抱いたとき、ウサギに「抱き方が違うよ」と教えられます。時には、引っかかれたり、血が出たりします。自分の経験で、こういう抱き方をすればウサギがちゃんと自分と向き合ってくれることがだんだんわかってくるのです。

036

5月下旬。5歳児は、次第に仲間のつながりがはっきりとしてくる時期。子ども同士が自分の思いを語りかけ合えるようになります。動物（ウサギ・モルモット・ザリガニ・カメ・池のコイなどや室内のアゲハの幼虫・カブトムシ　など）の床替えを通して仲間との心のつながりができてきます。ウサギを抱き上げる子ども……。

35

6月下旬。当番活動に参加して、モルモットの床替えをするようすです。

A さっきの当番活動も、園ならではの憧れを育てていくのでしょうか。

Y これはモルモットですが、年長さんが当番活動で床替えをしているところです。

　ウサギの床替えもモルモットの床替えも、保育者が出勤したときと保育後に毎日取り替えます。そして、保育者が取り替えたときから子どもたちが登園して来て、床を取り替えるまでの1時間30分の間に汚した床を、子どもたちが取り替えます。1日分を子どもたちに世話させてしまうと、おしっこの量とにおいと糞の量がすごくて、世話することが嫌になってしまうことがあったので、今はこのようにしています。たやすく汚い物の始末ができることは、子どもにとって、生き物への愛情を継続していける大切な営みなのです。してあげなくちゃとしぜんに思う心を、そっと育てていきます。

A 園は、子どもたちにとって遊ぶためだけではなく労働する場でもあります。今、家でお手伝いをしなくなっているので、園の暮らしを自分たちできちんとつくる経験をどう育てていくのかということが遊びとセットになっていないと、ならないと思います。遊ぶことだけではない、暮らしを育てていくという観点もとても大事だし、そこからも憧れが生まれてきます。子どもなりの責任感を持ってやり遂げようとする気持ちが技を育てます。

子どもの憧れを育てる

7月の日ざしを浴びて、裸で毎日この場所が、ぼくの居場所……。

7月初旬、3歳児。夏の猛暑がやってくるころ。何を見て、何をしようとしているのだろう。お口を膨らませて、何かを見ながら待っています。

泥でお団子作りを楽しむ2人。大きな園の中の小さな小さな空間の中で、心をしっかりとつなぎ合って遊んでいます。

7月下旬。5歳児の仲のよい2人が、心おきなく開放感にゆったりと……。

> 038-1 この子は何故か入園当初から毎日、このデッキから西の方向を眺めています。
>
> 夏が過ぎるまで、毎日ずっと裸になってこうやっていました。みんなが保育室に入って何かやっているときもいっしょに入ろうとしない子で、何でしないのかなと思うと、この子の目線の先に自分のマンションの窓があったのです。お母さんがそこから首を出すのをいつも毎日毎日ずっと待っていたのです。この子のとてもけなげで、強い意志と家族の愛情を受けていたからこそその姿が見られたような気がします。
>
> 038-2・039 子どもたちの営みには、時に遊びと遊びの間にふと、「次は何をしようかなー」というような、ひと呼吸置く時間があります。040 仲のよい2人が、身体をしぜんと寄せ合い、わたしがシャッターを切る前は、2人とも、天井を見ていました。室内の出口の近くなのに、身構えることなく、開放的になれることは、この部屋の中に、安定したゆとりのある時間が流れているからだと感じました。こういうブレイクのある保育って、子どもたちをせかさずいいなと思って見ていました。

37

＊＊＊　＊　＊＊

041　樹齢60年のサクラの木に架かるツリーハウスで遊ぶ子どもたち。

042　慎重に挑戦を繰り返す4歳児……。

Y 041　この幼稚園は昭和26年に地元の要請によって設立された恩賜の幼稚園です。小さな幼稚園なので、あまりお金もありません。時々ほかの幼稚園へ行くとこういうツリーハウスがあって、いつか子どもたちに造ってあげたいと思って業者に聞くと、ものすごく高いんです。何百万円とします。それで、友人に頼んで造ってもらってやっと実現しました。

今、都会の幼稚園は、子どもたちにとって高さのある遊び場が少なくなっています。そこで、サクラの木にロープを掛け、登ったり、下りたりと、子どもたちはとても楽しんでいます。

042　木に登って、遊ぶことは、さっきの小さなアンズの木登りからこんな太い大きなサクラの木に自分で挑戦していくというのか、園には、子どもたちが自分で見つけて「木に登る」という動作を身につけていきます。低く幹が太いかいどうの木に登ったり、ミカンの木を握り締めたり、登り棒に登ったりと、身体で少しずつ会得していきます。

A 高さのある空間があることは、大人から見ればそんなに高くは見えない場所でも、伸びようとする子どもにとっては、大事な意味を持ちます。よじ登るというのは体力的にも大事で、すべてのことに象徴的だと思います。その子の持てる力のすべてをそこに真剣に没入できるような活動がどれだけ保障されているかというのが、保育では大事です。繰り返しは大事ですが、これは簡単にできるということや、やったことがあることをこなしている限り、子どもの育ちは伸びきりません。

どうやってその高さを保障してあげるのか。あまりに高すぎてはとても登れないけれども、子どもなりの工夫をしながら高いものに挑戦をしていく姿しかもいろいろな木や枝を見定めていく力がとても大事かなと、見せていただいて思っています。「今ここの高さ」に合わせるのではなく、「伸びようとする高さ」に応じる保育が求められているのです。

子どもの憧れを育てる

✳✳✳✳✳✳✳✳✳✳✳✳✳✳✳✳✳✳✳✳✳✳✳✳✳✳✳✳

小さな虫を捕まえて、迷路遊びをする5歳児。

虫を採取してきて、菓子箱の凸凹した迷路で動き回るようすを眺める、5歳児。

㊧お絵描きをしながら、楽しげに語り合う5歳児。

㊤タマネギの皮やコーヒーなどで「浸し染め」を楽しむ5歳児。

㊦7月下旬、夏季保育。戸外での水遊びができなかった年の雨天案で、室内にプールを設置し、作った船を浮かべて楽しんだ。雨の日の夏季保育。船を浮かべているのは3歳児。

> **Y** 045
> 子どもが作った船を浮かべて遊んでいる場面です。水を使った遊び場は戸外だけではありません。ふだんから、室内で水を使った、色水遊びなどを保育者が取り入れていけると、室内にプールを持ち込んで、子どもたちの自己実現に手を貸してあげることができます。どの子も作ったその場で、船を浮かべ、すぐにバランスを調整したり、水力を感じ取ったりとすることができます。その場でしかできない「すぐ試す」ということを、その子の心の中から消えてしまう前に実現させてあげることができます。

39

***向夏　水と戯れて**

046-1

7月。遊びも水とかかわる遊びを中心に。

046-2

ふだんの遊びに水が加わるひととき……。保育者が楽しめたら、子どもも楽しめる。

046-3

スライダーから滑り降りる感動とともに、解放感が子どもの心を包み込む笑顔が。

046-4

7月、夏季保育の水遊び。園庭一面にブルーシートを張り、その上に7つのビニールプールが……。思い思いのプールで遊び始める。

> 　プールというと何メートル×何メートルという四角いプールを思い出しますが、わたしの幼稚園では、夏季保育のプール遊びでも、ふだんの遊びの中に水が大きく加わる遊びを企画します。
> 　園庭の大部分にビニールシートを敷いて、そこに、こんな丸いビニールプールと四角いビニールプールをいくつも置いて、プールの中に巧技台でスライダーを置いて、それぞれの子どもが思い思いに夏の日ざしの中、水遊びを楽しみます。皮膚感覚の敏感な子どもは、温度差の大きい水に触れると瞬間的に水を拒否します。怖く嫌いにならないよう、ひとりひとり水への抵抗を和らげていくよう心がけ、いろいろな遊びができる道具を用意して、だれもが水と戯れられるよう環境を整えます。

子どもの憧れを育てる

㊧保育者も子どもの心の中で水遊びを楽しみます。保育者が楽しめると、子どもの心も弾みます。

047

048

疲れれば、ビーチパラソルの日陰のベンチでひと休み……。

049

050

047〜049
　ビニールプールが4つか5つぐらいあって、そこにビーチパラソルを差して、こういうベンチを置いてあげて、ボールだの何だのをいっぱい置いて夏の遊びをします。

41

✵ ✵ ✵　　　　　　　　　　　　　　　　　　　　　　　　　　　　　✵ ✵

051　052

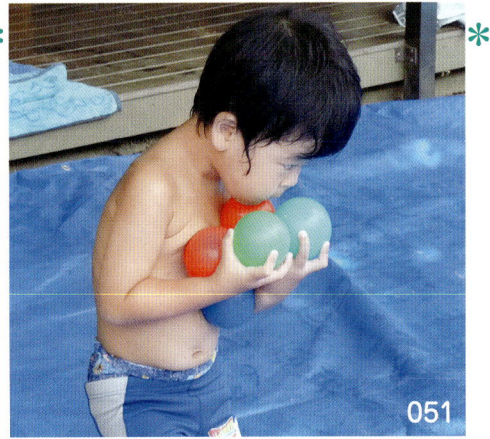

いくつものボールを抱え込む3歳児。持ち切れないボールをあごまで使って精いっぱい抱え込む一生懸命さに思わず笑いが……。

ひとり腰洗いのプールに身体を沈め、暑さをしのぐ3歳児。「きもちいーなー」と心地良さを全身で表す、すなおな心の表現と出会いました。

053　054-1

ひとりひとりが、暑さから開放されるとき、子どもたちは、思い思いにこんな表情を見せてくれます。ボールにしがみつき、青い空を見つめ無意識に幸せ感を味わいます。そして仲のよい仲間と、冷えきった身体を温め合ったりしながら、水と戯れ心を開放して遊び込むのです。

まあるいボールを抱え込み、その浮力を押し返そうと、がんばる2人。浮力の跳ね返りを、協働で阻止しようと飛び跳ねるボールのタイミングを狙い待つ姿に、思わず……。

054-2

スイカのボールに身を乗せて、「ねぇ、きもちちいいね」と思わず笑顔が。真夏の暑さを忘れた2人は、ボールのぬくもりを胸に心地良さに浸っていました。

子どもの憧れを育てる

> そうすると、子どもなりにこんな表情を見せてくれます。ゆったりとこんな顔をしてみたり、こんな顔をしてみたり、ほんとうに心から楽しいと思っているんだろうなと、そんな気がします。こんなところもそうです。
> 2人で開放感に浸って、こんな姿が見られるのは楽しいだろうなと思って写真を撮りました。

A 水や砂、プールや砂場は、場であると同時に、遊びの対象としてかかわるものにもなるという特徴があります。場の中に浸って対象と混然一体となることは小学校以上ではできない経験です。砂も土もそうですが、小学校に行くと理科の学習として特性を学ぶ対象としての土・砂や水になってしまいます。

夏に体を浸しながら場と一体になる経験は、幼児期にこそ育てたい事柄です。こういうプールをいくつも並べたときに、ただ水をジャーッと入れる先生と、若干高さを変えてみたり、最初に入れたときとだんだん温まってきたときで温度が違うなと感じられるよう配慮したり、既に前に持っている道具とどうつなげて遊んだりするのか、何をどこに置くかを意識できる先生がおられます。ただ、今日はプール遊びをしますよという先生と、ひと工夫・ふた工夫できる先生の違いは、この写真だけを見たときにも生まれてくると思います。

そうしたこまやかな感覚を、ぜひいっしょに写真から見てもらいたいです。そうでないと、記念撮影のように、「ああ、こういうことをやっているんだ」と全体の行為だけを見ると保育の質は見えてきません。ぜひ、写真の中からどうやって実践感覚を看取るかを安見先生の読み取りも参考にして意識していただくといいかなと思います。

✳︎✳︎✳︎作って食べよう ✳︎✳︎✳︎✳︎✳︎✳︎

夏休み夏季保育後半3日間の保育。毎年1日「作って食べよう」の企画があります。今年はフルーツポンチ作り、昨年は手打ちうどん、一昨年はカップケーキ、その前は本物のプリン作りなどを楽しみました。昔は餃子作りもありましたね。今回は、全クラスでカップケーキ(蒸しパン)を作ることにしました。自分でカップに生地を入れ、そこにサツマイモやチョコレートをトッピングします。自分たちで作るケーキに期待も大きかったようです。

蒸しあがったカップケーキに、心奪われる子どもたち。

㊧準備が整い、いよいよ自分でカップに生地を入れるのを待つ子どもたち。テンションも最高潮に達し、おどけた顔を見せる5歳児です。

㊨カップケーキに生地を入れる手さばきは、真剣そのもの、こぼさず、周りに付かないよう慎重に慎重に入れていきます。

Y わたくしどもの園では、20年前から夏季保育の中で1日「作って食べよう」という企画があります。毎年いろいろな食べ物を創ってみんなで戴く食育関連の企画です。

　最初に企画の趣旨は、人が食べなくても生活できる食べ物の中に果物があるということです。

　これは贅沢な食べ物です。この贅沢な食べ物を子どもたちに提供してみようと企画されたのが始まりです。最初のころは、フルーツポンチ作りでした。そして、毎年餃子やプリン、うどんや蒸しパン作りなど、その年ごとにいろいろと子どもたちがふだんの遊びや成長過程で見せてくれる遊びをヒントに、全年齢が楽しめる企画を行なっています。ここで紹介するのは「蒸しパン作り」です。

　子どもたちが蒸しパンを作っているところです。

　このクッキングでは、チョコレートチップやサツマイモなどいろいろ思い思いにトッピングする物があって、自分で好きな物をトッピングしてこのようなカップケーキ(蒸しパン)ができ上がります。子どもたちには、初めからでき上がるまでの過程をすべて見せていくことで、「蒸す」「ふかす」という言葉の意味が実感できます。つまり子どもたちにすべての過程を必ず見せ、実際に体験させていくことが、少なからず自信につながっていきます。

子どもの憧れを育てる

✳︎✳︎✳︎✳︎✳︎✳︎✳︎✳︎✳︎✳︎✳︎✳︎✳︎✳︎✳︎✳︎

㊧スプーンでカップにどろどろの生地を入れる子どもたち。「うぁー、てについちゃった」と思わず「どうしよう」と自分の手を見つめ慌てる姿に、周りもいっそう慎重になります。

㊧「ねぇ、こうやってかみをとるんだよ」「なに、なに」と言いながら、カップの紙のはがし方を教え合っている姿は、仲のよい兄弟のように見えます。

㊤でき上がったカップケーキをおいしそうに食べる仲のよい2人。「あまくておいしいよ」とふかふかしたカップケーキの味に大満足。

㊦自分たちで作ったカップケーキが、ふかし上がりました。チョコやサツマイモをトッピングしたカップケーキは、ひとりひとりのこだわりと個性が……いよいよ、パーティーの始まりです。

A 食べ物も植物もそうですが、子ども自身が物の変化を見ながら、どういうふうに素材から料理に変わっていくのかとか、植えた物がどう育っていくのかという長い目でとらえる経験をします。ご覧になっている方々の中には、「いや、うちは、こういうのはしないな」と思う方もあるかもしれません。

　カップをいくつ置いて、どんなふうに分けていくのかという場面と写真です。あるまとまりで出して、みんなで工夫をしながらどのカップにも同じように分けられる経験を、こういう中でも育てています。先生が、「これだけやるのよ」と言うのか、子どもたちが考えるのかどうか。そういう部分に保育の質にかかわる大事さのひとつがあるのかなと思います。味わう経験という、夏にうどんは衛生管理が大変ですが、あらかじめ危険を予知しながら準備して、話し合いをしながら保育をするのが大事だと思います。

Y こうした作って食べる活動の場合は、毎回、保育室で飼っている小動物やウサギなどがすべて飼育保管場所に移され、子どもが動物やその他の生き物に手を触れないように、安全と衛生には気を配っています。かなり神経を使いますが、企画をしてあげてよかったという気持ちがいつも付いて回ります。

秋　秋がやってきました ＊＊＊＊＊＊＊＊＊＊＊＊＊

057-1

057-2

春に花咲いたブドウの花が小さなケシ粒の実を付け、日ごとに大きく生長し色付き始めます。そして、大小のたわわなブドウの房となり、寄り添いひしめき合います。初めにわたくしどもの園のシンボルとなるブドウについてお話しましたが、花は、ひとつひとつみんなバラバラに咲きます。早く咲いた花から実を付け、膨らみ始めます。そして、どんどん大きくなって、やがて粒と粒がすり合うようになり、そして、ひしめき合ってお互いにぎっちりとつなぎ合い、形作っていきます。このブドウの生長と子どものたちの成長は、似たところがあるなといつも感じています。

> **Y** 秋になって、ブドウ(057-1)がなってきます。花がそれぞれみんなバラバラに咲いてきます。早く咲いた花から大きな実になって、どんどん大きくなって、やがて粒がそろって、お互いにぎっちりつなぎ合います。わたしの幼稚園は、それを子どもの育ちだろうなと思って、このブドウを大切にしています。

058-2

058-1

058-3

㊤㊨秋、9月、十五夜の日。子どもたちは、お月さまへのお供えの団子を作ります。すべての工程を、自分たちの目で確かめ、でき上がったお団子をいただきます。三方を作り、団子と秋の野菜を供え、ススキを飾り、日本の行事を楽しみます。

㊧十五夜に子どもたちは、自分たちで作ったお月見団子を飾りお月さまにご馳走します。何でも科学する時代であっても、子どもたちに夢を与え続けられるのは、保育者だけかもしれません。

子どもの憧れを育てる

Y これは、お月見団子作りの場面です。お月見の日にちなみ、子どもたちとお団子作りを楽しみます。プロパンガスを借りてきて、子どもたちが自分で丸めたお団子を「せんせいゆでて」とクラスごとに湯で釜に持ってきます。「アッ、ういてきた」と、真剣なまなざしで、見つめます。子どもたちにゆでる過程はすべて見せていきます。先ほどもお話したように、このような経験をひとつひとつていねいに積み重ねていくことが保育には大事だろうなと思っています。

「みせて、ねぇ、みえない」と口々にゆで釜をのぞき込み、今にも安全柵が、倒れそうになります。「ほら、浮いてきたでしょう」と保育者から告げられると、思わず「なんでうくの」と素朴な質問が飛び出します。

A ベテランの先生が子どもたちに白玉団子が浮いてくるところを「見せるのよ」と新人の先生に言うと、見せるとは子どもの目線から見たときにどの距離や位置からならよく見えるのか、ただ鍋が見えるだけなのか、中が見えるにはどの高さがいいかということに若い先生自身が気づいていかれます。これは、すべての環境構成において同じだと思います。たまたま研修で立ち会わせいただきそのことが見えた場面です。なぜ、みんなでお月見団子を食べて、そこで何を子どもに味わわせたいのかということを考えてみることで、また活動の新たな意味が見えてくるのかなと思いました。

Y 日々いろんな活動が見られる中で、この写真もそうですが、2人で何かいいことをしたのでしょうかね。ふと見えました。こんな写真です。

心地良い秋風の中で、5歳児の仲よしが、お絵描きを楽しんでいます。心の居場所を求めて、日だまりのテラスに導かれ、友をお絵描きがつなぎ、互いのイメージの世界を広げ合っています。

残暑が続く秋のひととき。何を楽しげに見ているのでしょうか。

47

✳︎✳︎✳︎晩秋から冬へ ✳︎

> 059-6
> 園庭に出てきて、思いっ切り体を動かし、踊るように戦い遊んでいるところです。
>
> 武器はホンモノ。相手もホンモノ。心もホンモノ。でも互いが戦う動きだけは嘘っこなのです。そこには、心がわかり合えるだけの互いに距離があり、その距離が戦いの遊びを楽しく支えているのです。だから深くしていくことができるのです。

3歳児が園庭で、何やら携帯電話で……。

室内で温泉ごっこが始まりました。新聞紙を集める子どもたち……。

何やら「いいこ、いいこ」されているのか、頭をぶつけて「だいじょうぶ」と、なでてもらっているのか、さてさて……。

秋のひととき、4歳児が「戦いごっこ」に挑む。自分で作った剣で、楽しげに、手加減しながら……。

子どもの憧れを育てる

A 夏から秋は、先生方にとっては子どもたちが運動会でぐーんと大きく育ってきて、手応えを感じられる時期ですね。さっきの戦いごっこのシーンは、運動会後の写真です。安見先生がここにコメントをしていますが、お互いに手加減をしながら、ここまでだったら危なくないというかたちの中で遊び合うこともできるようになっていきます。剣作りをきちんと先を丸めながらできるようになることも、こうした日々の経験の積み重ねの中で育ちが見えてきます。

Y 子どもたちの剣作りを見ていると入園当初はブヨブヨに丸め、武器には程遠い剣作りから始まります。でも時がたつにつれ、次第に細くなり、あるコツを会得すると硬くすることができるようになってきます。そのコツを覚えると、子どもは、同じことを何度となく繰り返し、剣作りに夢中になります。園の中では、鋭く尖った剣を振り回し闘いごっこをする子も増えてきます。鋭くなった剣は、目を突いたりすると危ないので禁止する園もあると思います。わたしの園では、鋭くなった剣の穂先を先生が水でチョンとぬらしておきます。そうすると、穂先が見かけは尖って見えるのですが柔らかく安全に遊べる道具となります。こうした配慮がすごく大事で、規制することなくひとつの遊びの道具として使っていけるようになります。

　実は、わたくしどもの幼稚園は、関東ローム層のむき出しの園庭です。真冬がやってくる前に園庭のほとんどをシートで覆って霜よけ対策を行ないます。ほうっておくと霜柱が立って日中になると、霜が解けてベタベタになり靴底があんこをなすりつけたようになってしまいます。そうすると、都会ですが、お迎えにいらしたお母様方のヒールがズボッとめり込み刺さったまま靴が脱げてしまったり、帰る道々が泥だらけの道路になったり、マンションのエレベーターが泥だらけになってしまったりと、大変だという話があって、12月ごろから、子どもの遊ぶ部分を残して春先までシートで覆っています。

060

5歳児。初冬間近な日だまりで、5月のケーキ屋さんごっこをしたときの生クリーム作りがずっと続いています。最近では、クリームの中に草花をすりつぶした汁を入れて、ブルーやピンクの生クリームを作り、砂で作ったケーキに絞り、トッピングして遊びます。見ていると飽きない楽しさがあります。

061

泥んこ遊びをした勲章。「みて……」。遊ぶときも、ちゃんと腕をまくれるようになった3歳児さん。この差し出す手に、微妙な心の揺れが見えてきます。「こんなてになったよ」と言って見せてくれました。

062

こんな真剣なまなざしと出会うことも……。

063

2人で、砂場道具のロートから泥を押しだそうと、ペットボトルに泥水を入れて、上から押し出している2人の知恵に、思わず「これが科学だ」と感じる場面です。

064

3歳児。何かを見て叫ぶ……。その笑顔の中に……。その心が何かに対して憧れる気持ちが、僕もやってみたいという気持ちが確かに生まれている……。

065

やられて悲しくて「ちょっとせんせい、あれは？」というような顔に……。
自分なりにごっこ遊びの武器を作り、楽しんでいた矢先に……。何かあったようです。しきりに自分の気持ちを伝えようと……。

子どもの憧れを育てる

＊＊＊　　　　　　　　　　　　　　　　　　　　　　　　　　　＊＊＊

　これは、最近どこの幼稚園でもよく見かける、石けんをすり下ろして作るクリーム作りです。初めは、色水遊びから始まり、次第に泡立て器で、石けんをすりおろして、クリーム作りへと発展していきます。この写真は、5月にイチゴの収穫祭で、ケーキ作りをする経験後のものです。幼稚園でのケーキ作りが終わると、子どもたちはクリーム作りをしきりに始めだします。イメージが広がってくると園庭で摘み取ったお花をすり鉢ですって、その色を入れて、赤い生クリームとか、黄色い生クリームとか、青い生クリームを作って遊んでいます。

　これは泥んこ遊びです。ここに載せなくてもよかったのですが、子どもが自分から、「えんちょうせんせい」と手をこうやったから、撮ってあげなきゃかわいそうかなと思って撮った写真です。「こんなてになったよ」と言って見せてくれました。シートで覆っているところの向こう側に穴があります。あの辺は、子どもたちが遊べるように覆ってはいません。

　こんなちょっとした場面での真剣なまなざしとか、2人で砂遊びをしていたり、後ろでトロッコに乗って、連結のトロッコを引いて遊んでいたり、夢中になっている場面とか、何かに目を奪われて、その心が何かに対して憧れる気持ち、僕もやってみたいという気持ち、あるいは、やられて悲しくて、「ちょっとせんせい、あれは」というような場面です。

　冬場のとてもいい日だまりのときにクラスみんながお庭に出て昼食会を開いたりします。こんなふうにお昼を食べてみることはとても楽しくて、ご飯を食べ終わっておなかがいっぱいなのか、先生のひざに寄り掛かってくる子どももいます。

　こんなトロッコで遊んでいます。年季の入った新しくしなければいけないようなトロッコですが、これがまた子どもにとっては味わいがあって楽しいのです。

冬場の2月風もなくとても穏やかな小春日和にクラスみんなが園庭に出て昼食会を開いたりします。このようにしてお昼をみんなで食べてみることは、子どもにとって異空間での昼食です。遠足を思い出したり、仲のよい友達と並んで食事をしたりと、解放感にひたり楽しい時間を過ごします。そんな中で、ごはんを食べ終わっておなかがいっぱいになったのか、先生のひざに寄りかかって、気持ちよさそうに心を開放している子どもと出会いました。

園庭は関東ローム層の粘り気の強い独特な土のため、12月から3月まで、霜よけのため、一部を残してシートで覆い、保護します。その中で、軽やかにトロッコで遊ぶ3歳児の2人に、思わずシャッターを……。

縄跳びの練習をする4歳児。何度も繰り返し挑戦する気持ちに感動して……。 　　先生といっしょに、伝承遊びを楽しむ5歳児。

花弁を入れてすりこ木でつぶし、石けんクリームに色付けする3歳児。

068 　一生懸命縄跳びの練習をしている4歳児の子どもです。みんなといっしょに縄跳びをしたとき、この子は、跳べませんでした。みんながしているところから離れて、ひとり自分で、練習を始めたのです。けなげだなと思ってシャッターを。でも、彼の世界には「失敗」とう感覚はありません。すべてが、自己への挑戦なのです。だからできるまで何度でもがんばれるのです。

069 　これは、伝承遊び「かくれんぼう」をしているときの子どもです。手で覆っている表情を想像してみてください。少し笑みがこぼれているのをわかりますか。

070 　2階に子育て支援室がある1階の図書室の窓から顔を出し、目の前に広がる砂場で遊んでいた仲間に、「ここだよ」と話しかけているところです。

子どもの憧れを育てる

*** ***

　この男の子はいっしょに遊んでいたのですが、飽きてしまったのか、仲間から外れたのか定かではないのですが、心がつながっていることだけは確かで、自分の存在を呼びかけています。
　こんなとき、保育者がそばにいたらきっと、「何か、あげましょうか」とつなぐかもしれませんね。
　071 花弁を入れて、すりこぎですりつぶし、石けんクリームに色付けする3歳児……。これは、そもそも5歳児の生活から学んだ模倣的遊びです。憧れる心と目は確実に年長児の姿をとらえます。そして自分たちも挑戦します。

A 活動としては、イチゴであったり、アンズであったり、それぞれいろいろな物との出会いが出てきます。大事なことは、サイクルのように1年の中で前の経験を子ども自身が生かすことのできるような似た経験が繰り返されていくことによって創意工夫がなされていく活動が組まれているだろうかということです。これが発達の連続性の姿です。教育の過程において、すりこぎやおろし金を始めいろんな小道具をより深く精緻に使えるようになっていく子どもたちを育てていくことも、もっとこんなふうにやってみたいという憧れにつながっていくのかなと思います。

Y 072-1·2 この写真もそうです。ジュースです。全部石けんです。これも石けん水です。子どもたち2人で一生懸命作っています。紙テープは色がとてもよく出るみたいで、子どもたちはこんな遊びをしています。泡立て器で一生懸命泡を立てて、仲間がつながっていきます。

色付けたクリームを水に混ぜ、クリームジュースなのか、これから泡立てて生クリーム作りが始まります。「ちょっと、パシャパシャみたい……」「もっとせっけんいれてよ」と……。

072-1

072-2

***

073-1

このシーンは、夏前の泥んこ遊び・穴掘り遊びの延長上で、5歳児が掘り続けた川に水を流すと、穴掘りの穴に流れ込むしかけ。しかし、3人の女児は一部をせき止め、水をためようとしているようです。こんな遊びの広がりが、穴掘りとともに1年ずっと続くのです。

073-2

穴が浅いときは、連結列車のコースターとなる。スリル満点、力を入れて引っ張る。なかなか上がらず、最後の子が降りる。そして、見ていた5歳児が手伝い、穴からの脱出成功。

074-1

しだいに穴掘り遊びは宝探しに……。砂場の砂遊びとはひと味違う好奇心が揺さぶられます。掘れば掘るほど浅くなる穴なので、時に保育者も手伝い掘った土をかき出さないと、穴はドンドン小さくなってしまいます。

074-2

秋口までは5歳児が多くかかわった穴掘り遊びも、しだいに4歳児さんや3歳児も参加するようになり、とうとう背丈ほどの大きな穴が出現し始めます。時には段ボールで滑り落ち、楽しみます。

> **Y** 073-1・2
> 子どもたちは、泥んこ遊びが大好きで、穴掘り遊びをしながら、水を流し込み、泥の中から、恐竜の骨や宝物を探しては、大騒ぎになっています。泥の中に靴が取られてほんとうに泥だらけになってしまいます。でも先生は、汚れたのを洗濯機で1回洗って、ビニール袋に入れて持って帰ってもらったり、親御さんも泥んこ遊びを勲章として理解してくださっています。だから日々こんな遊びができるのかもしれません。

A 泥で汚れたものをそのまま返すのではなく、ほんのひと手間だけど、「ちょっと洗っておきましたよ」という気持ちが保護者に伝わることによって、手作りというか、「先生がうちの子のために手を掛けてくれているんだな」というメッセージが伝わります。園と家庭をつないでいくときの、「信頼」は言葉だけでは生まれません。相手を思うこのひと手間が非常に重要なところかなと思います。

Y これは、穴掘り遊びをしているところです。20年前ぐらいから園庭の片隅に1メートル四方の穴を掘って発見遊びを楽しんでいます。以前は、保育者といっしょに人が入れるほど一生懸命掘り、遊びました。

　穴掘り遊びは、子どもにとってわくわくする遊びのひとつです。すごくおもしろいです。どのようにおもしろいのかというと、穴は、掘れば掘るほど浅くなっていきます(掘った土をすべて穴の外へかき出せないため)。そこで、ある程度浅くなると大人の手伝いが必要となり協働的なかかわりを持たないと、消滅してしまいます。子どもだけで、掘り進むとどんどん浅くなって、深さがなくなり広くなっていきます。でも、子どもたちは、この穴遊びの中で、宝物を発見したり、過去の体験や経験を蘇らせて遊びを深めたりします。かなり昔の出来事ですが、穴を掘り上げると、掘り出した土の山ができます。落差は、2メートルもの高さが生まれます。

　子どもたちは、山の上からバケツで水を流した瞬間に「かさいりゅう(火砕流)だ、かさいりゅうだ」と言って、ニュースで耳にした言葉を再現したりします。また2月には、穴の中にいる子ども目がけて、泥をまき散らせながら「ふくはうち」と言いながら、自分からもっと掛けてといって遊んだりする姿など、経験によって蘇るということがたくさんありました。

　また、あるときは、秋の遠足でおイモ掘りを終えて、穴掘りをしていると、サクラの木の根っこを見つけて「おイモちゃんがでてきた」「おイモちゃんだよ」と言って生活の体験を蘇らせていました。生活の体験が遊びを通して蘇ることは、言葉を育てるためにもとても重要な環境のひとつです。

㊧5歳児は、掘り上げた土山をさらに補強しています。しだいに1本の溝を作りだし、やがてそこに水が注ぎ込まれます。

㊦かなりの高低差ができてきました。3歳児までが参加し始めて、5歳児と何やら交渉しているよう。憧れのまなざしは、5歳児の大きなシャベルに……。

子どもの憧れを育てる

A 砂場と泥穴には違いがあります。安見先生が穴掘り遊びのビデオを撮ってくれました。わたしは、それを何時間も見たことがあります。土だからこそ中からいろいろな物が出てきます。虫も出てくれば、石や根やさまざまな物が見えてきます。土の中にはいろいろな生命がかかわっていることを感じます。こうした自由にかかわる場所の大きさは、園によって違いがあると思います。

子どもたちで場を作っていけるというのでしょうか、先生が環境を構成するものではなく、園の中で子どもたちと先生がいっしょになって作れる空間はどういうふうにあるのだろうということは、「うちではとても泥山はできないわ」という先生方も、お考えいただけるといいのではないかと思います。園庭改造の着想は小さなものから大きな改造までいろいろありますが、効果は明らかです。

Y この写真は、年長（5歳児）さんが穴掘り遊びをしている場面です。
5歳児になると、協働するこころと、行動が伴い、言葉でのやり取りがなくても、心をわかり合うことで、ちゃんとお互いに役割を持ちながら遊びを深めていけるのです。

特に言葉は発せずして、互いの協同という心のつながりを実感しながら遊ぶ姿は、安定的で発展的です。これは、まさにひとつの目的に向かって暗黙的に行動している場面です。

穴掘り遊びは、子どもの心を引き寄せます。年長さんが「かせきはっけん」と騒ぎ出すたびに他年齢の子どもたちも合流し、いっしょになって遊びが広がっていきます。

5歳児と協働する。かなり大きな穴ができました。この後、まもなく段ボールをおしりに敷いて、高低差2メートルのスライダーの始まりです。

冬 冬空からの贈り物 ****************

076
ミカンの小枝に、冷たいミゾレが……。

077-1
3歳児はコートをはおり、雪の感触を満喫していました。「みて」……と。

077-2
㊤子どもたちはみんな戸外遊びに夢中。5歳の女児たちは、早速、雪団子作りを始めました。㊦「これはかきごおりだ」

077-3
077-4
はしゃぎまくり、一生懸命になる子どもたち。

078

079-1
079-2 

㊧の㊤㊦大きな雪だるま作りに精を出す5歳児。重くて持てない雪だるまをトロッコに乗せて運ぶ…。5歳児は自分の思いを実現するために、もっとも効果的な道を考え出します。そして、更に、協働する姿が生まれ、クラス前に大きな雪だるまが完成します。5歳児になると、何でもできるようになっていることを、実感します。

子どもの憧れを育てる

Y 076〜078
これは、冬に珍しく都会に雪が降ったときの子どもたちのようすです。一番最後にちょっと添えました。
　都内では、本格的な雪はなかなか降りません。みぞれのような雪で、べちゃべちゃしています。子どもたちは皆外へ出て、早速雪遊びを始めます。おもしろいなと思ってちょっと撮ってみました。遊びは、体験をさらに蘇らせ、ひと夏のかき氷作りやかき氷を食べた思い出が、子どもたちの遊びを広げていきます。「かきごおりだ」と言いだして、今度は色水を上からトッピングし始めました。いくつもの体験が蘇り、その子の遊びを次第に深め合っていくのです。生活の中で強く心に残った遊びは、雪という出会いで、あのとき、このときと感動して心によって蘇り、子どもたちの遊びをどんどん深めていくのです。

A 地域の四季折々を生かせるところ、園の文化を生かしていくこと、文化をつくっていくことが、幼児教育の重要なところです。小学校以上の全国標準の教科書がある教育と違う、幼児教育独自のひとつの大きな特徴ではないかと思います。

Y 072-1·2
前のほう（P.53など）で石けんクリームで色水を作っていましたが、子どもは、その代用で雪でちゃんと作ります。「これはかきごおりだ」078
と言いだして、今度は色水を上から掛けて、トッピングして作りました。
079-1·2
　この子たちは、トロッコを今度は、ほかの道具として使い始めました。雪だるまを転がしたら重くて、動かなくなったとき、こういう道具を使うとたやすく運べることを学びます。
　毎日の遊びの中で、以前トロッコに人を乗せて運んだ経験が蘇り、雪を乗せ運ぶことに気づくのです。こういうこともちゃんと5歳児は卒園間際になってくると知的な行為としてできるようになり、科学するのです。そして、さらにみんなと力を合わせることもちゃんと身についてきます。

子どもが心に描く不思議な世界の扉

㊧この年は、事務方と園長先生の作品として、4メートルのクリスマスツリーとトナカイとサンタクロースが、一夜にして園庭に出現します。

㊨にじの橋がもし渡れたらと、子どもたちは「にじの滑り台」を作りました。

毎年、12月初旬造形展が開催されます。子どもたちは、クラスの仲間とテーマを考え、みんなで力と心を合わせて協同製作を楽しみます。そして、さまざまな素材を活用してひとりひとりが自分が心に描いた世界を作品にします。そして、多くの保護者に子どもの心に触れてもらいます。造形は、その子の見えない心の世界を見る大切な取り組みです。

この取り組みを応援するために、事務方職員と園長で、園庭に紙で作った大きなモニュメントを飾り子どもたちの成長を喜び合うことにしています。

年が明けると新年のもちつき大会が

5歳児のもちつきです。きねの重さに思わず手に力が入り真剣な顔に。

4歳児は、お祭のはっぴを着て、力がないので心意気でつき楽しみます。

3歳児も保育者に介添えされながら、臼の中のもちと力比べをしています。

わたしの園では、毎年、年が明けてから新春もちつき大会が行なわれます。

　幼稚園のコンセプトに、「なにかをするとき、すべての過程を子どもたちに体験させていく」のを原則として保育をしています。このもちつき大会もすべての過程を、子どもたちが体験します。もち米とお米の違いから始まり、薪で火をたき、せいろで蒸し、蒸した米を味わい、そして、臼でつき、途中何度も食べ比べながら、もちつきを楽しむのです。

　凍てつく寒さの日もあれば、穏やかな陽だまりの日もあります。冬のひとときを、関心を持ってみんなでつき上げます。当然、親の会のお手伝いで、お父さんたちも、会社を休んで参加してくださいます。

　子どもたちも、つく途中のもちを食べながらつくので「もうちょっと」など思わず仲間に歓声を送り、「よいっしょ、よいっしょ」と、仲間がきねを振り下ろすたびに掛け声が響きます。つき上がったおもちは、各クラスで、ビュッフェスタイルで、食べられる量をいただきます。

　わたしは、子どもは百面相だなーといつも感じます。子どもの表情には100の顔があり、単なる憧れのまなざしだけでは、その子の内なる心は、読み解くことはできません。はしゃぐ顔もあれば、喜ぶ顔・語る顔・真剣な顔・考えている顔・無我夢中の顔・痛みのある顔・悲しさのある顔・つらい顔・満足した顔・夢中な顔・うらやむ顔・ねたむ顔・惜しむ顔・意地悪な顔・ばかにした顔・チャラけた顔、そして、憧れる顔があり、この100の表情すべてを受け入れることが、憧れを育てる保育環境なのかもしれません。ほんとうに子どもは百面相だと思います。

4月、また春がやってきます

わたくしどもの教職員が子どものために、シンプルに心で語り合えるからこそ、こうした子どもたちのまなざしと出会えるのだと確信しています。そして、時につらいときも、こうした100の顔がわたしたちを支え、がんばらせてくれているのかもしれません。わたしたち保育者を楽しませてくれるからこそ、保育者としていられるのかもしれません。

今、必要なホンモノ保育とは

写真と対談から学んだこと・考えたこと

A 板橋富士見幼稚園の1年を見てきました。「今必要なホンモノ保育とは」というのが対談のテーマでした。本書の写真でわたしが感じているものは、ほんのちょっとした子どもの表情を感じたり、例えば、雪で色水を作って色を付けている姿を春夏や秋の色水遊びやケーキやさんごっこの活動とつないでみることで、前の経験が生きているんだなと実感できたりする姿の大切さです。これらがホンモノの保育のために必要なことなのかなと思います。

保育では3つの「C」が大事です。英語で書くと「C」が3つなのです。コンサーン（興味・関心を生み出す）、ケア（ほかの人への思いやりを持つ）、そして、コネクティドネス（つながり合う絆を結ぶ）、3つの視座が豊かな保育をつくっていくのではないだろうかと、写真を見ながら感じていたところです。

豊かさとは

- 「豊かさとは、ちょっと、すこし、わずか、かすか、ほのか、こまやか、ひめやかというようなことをさやかに感ずる能力から生まれることをいう」　　　　　（野口,1996）
- Concern, Care, Connectedness
  興味関心、他者への思いやり、つながりあう絆
  　　　　　　　　　　　　　（Martin,1992）

幼児期にこそ培いたい豊かな遊びと暮らし、学びはその遊びや暮らしの中にあるのであって、わたしたちが大事にしたいのは、心底遊べる姿であったり、暮らしを自分でつくっていく経験ではないかと思います。

本書のテーマは「憧れ」です。写真では1枚ずつで、写真からはエピソードは見えにくかった部分もあるかと思います。けれども、あの子のようにやってみたいと、5歳児がシャボン玉をやっているのを見ている3歳児がいたり、穴掘りで深く掘ってくると、だんだん違う年齢のクラスの色の帽子をかぶった子がのぞいてみて入ってくる姿があったりというように、他

今、必要なホンモノ保育とは

者との出会いやものとの出会いの中で、憧れていくことによって、さらに活動やものに惹かれていく姿があります。

　人はもともと憧れというのが育ちの根源にあるわけです。ものに惹かれてから人に憧れる場合もあると思いますが、憧れて惹かれていくと、その中で自分も同化して、いっしょになって、なりきるとか浸りきる時間をどう保障していくかが、子どもが深く夢中になっていくホンモノ保育とか、憧れから遊びへというときに、とても大事なところではないかと思います。

幼児期にこそ培いたい豊かな遊びと暮らしのために

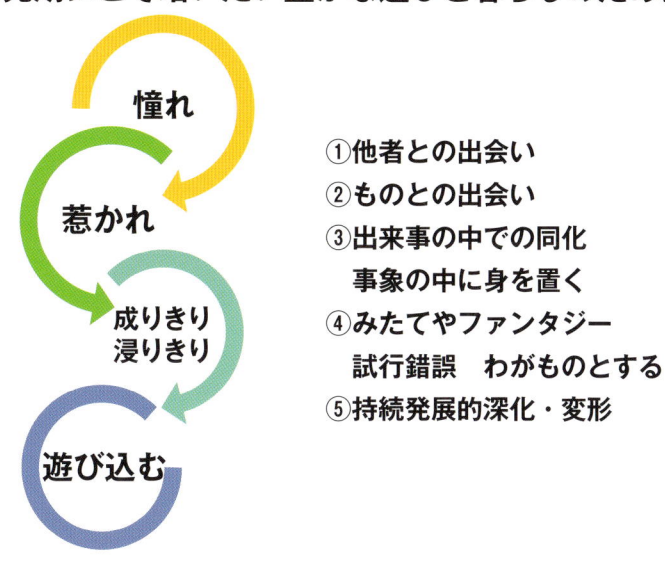

憧れ
↓
惹かれ
↓
成りきり
浸りきり
↓
遊び込む

①他者との出会い
②ものとの出会い
③出来事の中での同化
　事象の中に身を置く
④みたてやファンタジー
　試行錯誤　わがものとする
⑤持続発展的深化・変形

　いろいろな場面があったと思いますが、例えばケーキ屋さんでもイチゴ、ジャム作りでも、まるで本物の料理人のようにやってみる。大人から見ると、そんなにきれいなイチゴケーキだったかというと、子どもなりの形のケーキですが、その中で試行錯誤しながら自分らしく表現していく、すべての過程を経験していくことでわがものとしていくことを繰り返し持続・発展していくことで、遊び込みながら子どもが育っていく力を着けていく過程こそ、幼児に一番重要なものです。

　良質の保育のために保障したいのは、4月最初や5月の写真で見た、安心できる居場所を常に考えることです。居場所を考えるといっても、3歳児、4歳児、5歳児の安心感にはそれぞれ育ちに応じた違いがあります。

最初に生み出す安心感は、入園式のときです。先生が笑顔で受け入れてくれることで、保護者の緊張や不安がまずほぐれます。保護者が笑顔になると、子どもも、ここは安心していい場だと思って笑顔が出てくる。そういう関係の連鎖の中で、安心が生まれていき、心が開かれることによって、その後おもしろいものに出会うことができれば、仲間とともに夢中になっていきます。

　3歳児では、まずひとりで、2人での夢中、それが5歳児の終わりごろになると仲間とともに協働で夢中になって、目標を持ってやっていけるような事例があったのを、写真からとらえることができたと思っています。

　養成校ではいろいろな保育実践の方法や原理を、テキストや先生の講義で学んでこられます。それが実際の園に行けば、それぞれの園の文化があって、園の先輩たちがやっている姿を見て、その保育に憧れを持ちながら、多様な方法や原理を学んでいかれると思います。

　わたしは、保育の方法としてどれがいい・悪いということを申し上げたいのではなくて、一番大事なのは、子どもの安心感や夢中になっている姿を、特別支援を必要とする子も含めすべての子どもに保障することです。しかも少しでも長く夢中になれる時間を、保育者がどうやって保障していくのかというところこそ質で問われることであります。

　それによって、繰り返しの経験の中で表れてくる子どもの笑顔や、より深く取り組む姿こそ、幼児教育が求めている成果なのかなと思います。友

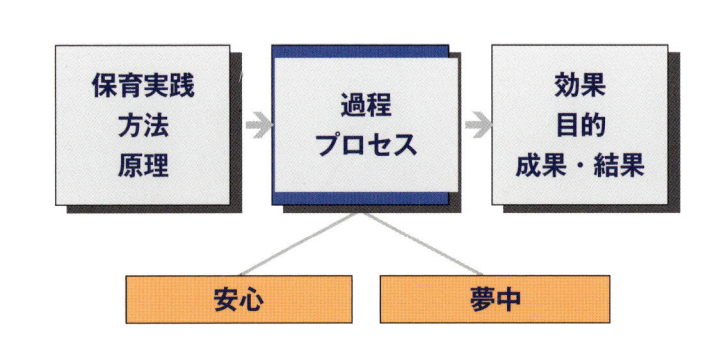

保育・教育における質

保育実践　方法　原理 → 過程　プロセス → 効果　目的　成果・結果

過程プロセス：安心／夢中

達に憧れること、身の回りのものに惹かれることによって、かかわりへの意欲が出てきます。
　よく観ようとすること、聴こうとすること、そして、まねて学んで、わがものとしていくようなプロセスが写真の中に見えたと思います。

- 友達に憧れること、身の回りのものに惹かれることが、かかわりへの意欲を生み出す。

⬇

よく観る、聴く、まねる、学ぶ
試行錯誤し挑戦しわがものとしていく

　今日のテーマの「ホンモノ保育とは」について、ホンモノを定義するのに、４つの条件を考えてみました。なぜ考えたかというと、ホンモノとは何だろうと辞書でも引きました。英語に訳すと、４つの類似の語があります。
　第一は、板橋富士見幼稚園の写真にあった、ものや事に身体ごと、丸ごと触れたり、それを受け止めてもらうことで生まれる感情です。安見先生が「子どもの百面相」と言って、はしゃぐ・喜ぶ・真剣・考えている・無我夢中・痛む・悲しいというさまざまな感情を持つ子どもの表情について話してくださいました。そうした直感的に生まれてくる情動とか純粋さを外にすなおに出せることが許されている。その保育者の受け入れる構えによって、子どもが自分の気持ちを身体ごと出して出会ったり、かかわる時間や空間を保障できることが、幼児教育としてのホンモノだと思います。英語で「ジェニュイン」という、純粋、ピュアという言葉がありますが、それがまず第一の本物の条件です。要するに、まがいものではありません。
　脳科学者の小泉英明さん(㈱日立製作所・役員待遇フェロー)が、「ホンモノの絵を見たときと、いわゆる複製を見たときでは、脳の活性度が違う」と

おっしゃっています。生の演奏を聴きに行ったときと、音質の悪い演奏音をスピーカーから聴いたときとでは、わたしたちの脳の活性度が違うそうです。

ホンモノとは(1)

ものや事に身体丸ごと触れたり、それを受け止めてもらうことで生まれる純粋さ、直観的な情動（悲しみ・不安・心配・好奇心・興味・喜び・楽しみ・満足感など）

genuine

身体や情動による全身での出会いとかかわりを保障する

　そういう意味で、園という場は、身体や情動で出会ってかかわりを保障していくことが、第二に大事だと思います。今日の写真では室内よりは戸外の自然物が多かったと思います。ナチュラルということもホンモノというときに出てくる日本らしい保育だと思います。「そのまま」とか「自然なもの」、対義語は「偽物」とか「人工的なもの」です。

　「四季のうつろいや変化の中で、全部の過程を見せるんです」と、安見先生が言われました。最初のところで紹介された、せっかく熟れたイチゴを食べられてしまうという経験を通して、イチゴがまたほかの自然の鳥や虫とも共生していることのプロセスを共有したり、子どもに実感させることも大事だと思います。

　人工的なもの、偽物ではない。大事なことは、特別にしつらえたお子様用玩具も売っていますが、やはり人工的なものだけではなくて、わたしたち大人が使っている暮らしの中にあるものと子どもが園の中できちんと出会っていくことが、ホンモノとして大事だと思います。自然物、四季と出会う中で、その豊かさを味わう暮らしを保障していくことが、子どもが豊かな保育を経験するのに必要です。

ホンモノとは⑵

そのまま、自然なものとの出会い
四季のうつろい、変化の中でプロセスを共有し共生していく時間
人工的なもの、ニセものではない（特別にお子様用にしつらえたものではない）ものとしての暮らし

natural
自然物、四季と出会う中でその豊かさを味わう暮らしを保障する

　第三は、リアルという部分です。現実の複雑な課題や、丸ごとの世界やプロセスというのは、幼児なりに挑戦しながら創意工夫をしたりすることができます。保育者が「今日、これをやるのよ。こうするのよ」と言うだけではありません。自分なりの挑戦や、友達と知恵を出さなければ、例えば大きな雪だるまを自分たちだけで運ぶことはできません。
　協働して、その場に立ち会いながら自分たちの生活をつくり出していく。当番活動もそうでしょうし、大きな行事を乗り越えていくのもこれにあたると思います。大事なことは、模擬的な部分や練習をしているのではなくて、自分たちで自分たちの生活をつくり出していく本番経験がホンモノではないかと思います。

ホンモノとは⑶

現実の複雑な課題や丸ごとの世界や過程に幼児なりに挑戦しながら創意工夫たり協働したりして、場に立ち会うことで課題を解決しながら自分たちの生活をつくり出していく。

real
模擬的な部分練習ではなく、自分たちで自分たちの生活をつくり出す子どもたちの活動を保障する

それは、決して大人の世界に行くことではなく、園の中に子どもたちなりのいろいろな課題、シャボン玉をもっと大きくしたいんだけど、今度はどうしようかとか、子どもたちなりのこだわりが生まれてくることがホンモノだろうと思います。

　第四は、この単語はあまり一般の方は見かけることがないので、知らない語かもしれません。「オーセンティック」という言葉があります。園には自然だけではなくて、受け継がれてきた文化的な活動があります。例えば提示された写真であれば、お月見の行事があったり、絵本もこれにあたる場面かもしれません。伝承遊びなども該当します。代々受け継がれてきた文化的な活動に参加して、そこにまた自分たちなりに新たに工夫を加えてやっていくことです。

　最初から上手（じょうず）にできるわけではありません。「お月見のお団子をきれいに丸めるのよ」と言われても、「あ、こんなに小さくなっちゃった」とか、いろいろな場面を見せてもらいます。そういう中で、「お団子をゆでるためには、こういう道具を使うんだな」とか、「こういうお鍋を使うんだな」とか、道具の使い方、動作のしかたを学びながら、その子らしく、その年齢・クラスらしい工夫を加えて月見団子作りの中で自己表現していくという、暮らしや遊びの文化に参加して、その文化をわがものとしていく過程です。以上の４つの保障がホンモノのあり方かなと思います。写真を解釈してみると、こういう条件を指摘できるのではないでしょうか。

ホンモノとは(4)

受け継がれてきた文化的な活動に参加し、そこにまた参加していくことでその文化の道具や振る舞い方を学びながら、その子らしくそのクラスらしい工夫を加えて表現しながら新たな文化を生み出していくこと

authentic

暮らしや遊びの文化に参加し、それをわがものとしていく子どもたちの文化創造を保障する

ホンモノの保育に向かっていくには、時間とその育ちの見通しが大事です。6年保育から1年保育まで、施設形態によって期間に違いはあると思いますが、1年間の見通し、そして数年間の育ちの見通しが持てることが大切です。安見先生の園の場合は、教育課程で期を5期に分けています。保育では、学期ではなくて「期」を大事にする理由は、まさに子どもの育ちや四季の経験によって、「期」という育ちの節目を考えるからです。

　また、幼児期の3年間を見通したときに、今ここでこれを伝えなければいけないのか、少しゆったりとした気持ちで見ていいのかというのも見えてくるものではないかと思います。大事なことは、多様な経験を保障できる環境や場を保育室でも、園庭でも、準備することです。

　また、仲間の存在も、ほんとうに仲よしの2者から今度は3人目がどうやって入るかという関係性の育ちがあり、排除の問題としての、「いや、だめ」という子どもの関係を超えて包摂（ほうせつ）の関係が生まれます。そのいろいろな関係の中で憧れが生まれてくると思います。

　今日も時間があれば、1枚の写真をもっとていねいに、「先生のこの立ち位置はね」と考えていくこともできます。保育者の体の開き方が、心が落ち着いていないときは、閉じて向き合っているのが、だんだんいっしょに開いてゆったりしていくような、子どもの傍らにいる「居方」を考えていくことも、ホンモノ保育では大事だと思います。

ホンモノの保育に向かう時間年間、3年の見通し

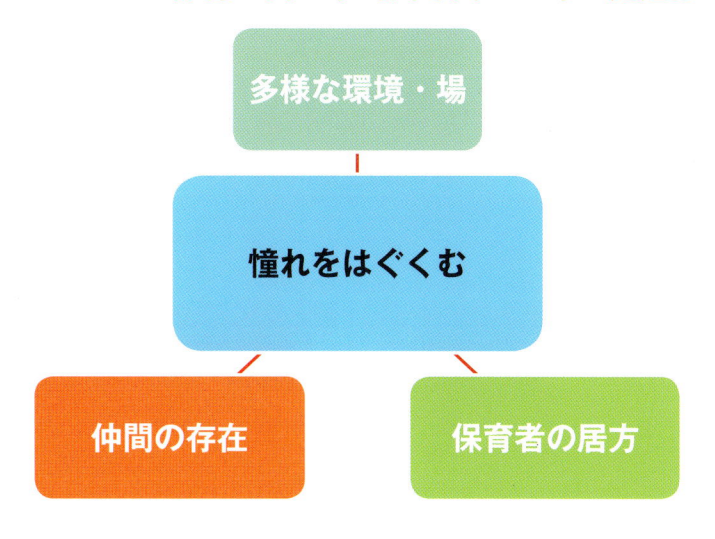

```
        ┌─────────────┐
        │ 多様な環境・場 │
        └──────┬──────┘
               │
        ┌──────┴──────┐
        │ 憧れをはぐくむ │
        └──┬───────┬──┘
           │       │
    ┌──────┴─┐ ┌──┴──────┐
    │ 仲間の存在 │ │ 保育者の居方 │
    └────────┘ └─────────┘
```

時期に応じて場を構成する。4月最初は安心してとどまっていられる、ゆったりと憩える。これは、1年を通じても必要です。先生方の園ではどういう場が準備されているでしょうか。

　そして、外へ開かれて発展・拡張できるような場です。あるコーナーを、「うちのコーナーは、この遊びはここです」という機能的な空間の区分だけではなくて、ベランダとか境の部分が自由に伸び縮みする部屋や、保育室と保育室の間のつながりの場であったり、そうした場所も時期に応じた工夫ができるでしょう。

時期に応じた場の構成

- 安心してとどまりいこえる場
- かかわり交わり深め合う公共空間 園庭・廊下・ホール
- 外へ開かれ発展拡張できる場
- 素材を使って表現できる場
- 自然物や文化的なものにふれあえる場

　かかわり、交わり、深め合う、「公共の空間」と書きましたが、いろいろな年齢やいろいろなクラスの子と日々出会える、園庭や廊下やホールという場をもう一度見直してみるといいのではないかと思います。

　保育者にとって大事なのは、子どもとともに揺れ動いたり、いっしょに感じて味わい、学び合うことです。そのためには、子どもが安心していられないといけません。そこで大事なことは、まず、保護者の信頼が得られるようになることです。

　「宛名」と書きましたが、「だれだれに渡したい」という思いが大事です。何か作ったな、この子はどこに行くのかなと思ったら、「何々ちゃん、何を作ったの？」と、チーム保育で別の先生が声をかけてくれています。その子はにこっと笑いながらも素通りして、やっぱり届けたい先生はこの先生とい

う宛先に向かうわけです。「宛名」としてわたしを受け入れてくれる先生がいて、安心感が生まれ、受け入れてくれるそのときが、向き合いの関係です。

　入園当初の対応として安見先生が話されたフープの例もそうです。「こんな物があるのよ」と子どもが物とつながっていきます。そのうち、先生が向き合いで指導したり受け入れている関係から、先生が「もっと魅力的な、こんなやり方があるのよ」と見せたり、この写真の中にたくさんありましたが、イチゴひとつでも先生が説明するのではなくて、子どもが見ているまなざしに先生がこたえ合わせながら、いっしょに見ていく関係です。

　先生が見ていると、子どもが寄ってきて仲間同士がつながっていく。そうした姿を見守りますが、見守っているだけではありません。次の展開とか、停滞してきたなということを、次はどう発展するかを見通す力が先生たちに求められます。

保育者の関係
共振・共感・味わい学び合う

- 保護者とつながる宛名としての先生
- 受け入れる、向き合いの関係 物とつなぐ
- モデルや並び見の関係 仲間をつなぐ
- 見とる 見守る 見通す 見定める

　同時に、見定めるというのは、後は子どもに委ねようとか任せようとか、抜けようとか、ここは大事なところだから、先生のほうできちんと深めてあげようという判断です。穴掘りでもそうです。子どもが掘っていると、浅くなります。今、ここは先生の入りどきだから、きちんと掘ってあげようというところでかかわる関係が大事だと思います。

　資生堂の名誉会長の福原義春さんの言葉で、わたしの好きな言葉があります。「価格は見えますが、価値は見える人にしか見えません」。保育の価値は一般の人にはなかなか見えません。「『感動』というのは、五感が最高に活

性化されたときに訪れるものです。そのときに、見えないものが見えてくる」先生たちも、疲れてくると感性が鈍くなります。わたしたちもそうです。鈍感になります。

　ですから、いつもリフレッシュしながら気持ちよく、園で子どもを迎え入れるよう自己管理できることが大切です。朝、先生の笑顔が出るような園風土になることで、じっと先を見ている子どもの顔をふと発見したり、「ああ、この子たちは手加減をしているんだな」と、子ども同士のつながりの中の有りようを読み取れたりするのではないかと思います。

　子どもを見るといっても、いつもあっちこっちでいろいろなことが起こるので、先生はゆったりと見ることができません。だからこそ、園全体が学び合う場になって見とりを共有していくことがとても大事です。

「価格は見えますが、
価値は見える人にしか見えません。」
『感動』というのは、五感が最高に活性化
されたときに訪れるものです。そのとき
に見えないものが見えてくる。」
（福原義春、2010）

　園内研修でも、短期で子どもたちの姿を事例で見ていくことと、長期的に教育（保育）課程を振り返りながら見通しを持っていくことの両方がない限り、何々ちゃんのその日の物語だけでは子どもは育ちません。しかし、しっかりした教育（保育）課程をつくって、そのとおりにやればいいわけでもありません。そこに保育の難しさがあります。

　保育の豊かさをまずは網の目のようにていねいに記述したり記録したりする。最初から手で書いていくのが難しければ、ほんの一瞬でも、主任の

今、必要なホンモノ保育とは

先生や園長先生が撮ってくれた写真から、まずは記録を介して語って、うちの園でこんな姿を育てたいねと共有することが大事だと思います。

そのうち、わたしのクラスではなくて、ほかの先生のクラスだったり、ほかの人の記録も読み解けるようになります。「わたしのクラスでもこんなことがあった」と考えられるようになると同時に、うまくいかないときは、困ったなという判断や、「こんなふうにやったのよ」「こんな方法もあったんじゃない」と、援助の方法を語ったり、可能性を語っていくことができます。本物の4つの条件をお話ししましたが、振り返りを見通して、そういうあり方に近付いていくことが大事かもしれません。

園が学び合う場になるための短期の物語の見とり（事例研究）と長期的な見通し（教育・保育課程）

豊かさの質の記録 網の目の記述	記録を介して語り共有する	他の人の記録を読み解く	判断と援助を語り、可能性を語る

細やかに読み取る

- 砂や水を使って遊んでいる。
- A子やB男たちは遊び方を考え合い、砂を掘ったり固めたりして、山や川、海などに見たてて遊ぶ体験をしている。
- A子は山を崩れにくく固めるためにさらさらした質の砂を使ったり、B男は水の流れを想像しながら川を作ったりして、互いにその気づいたり考えたりしたことを話しながら遊んでいる。

※ソニー教育財団「科学する心を育てる」実践事例集vol.9 P.11より一部修正して使用。

例えば、同じ砂場でも、「砂や水を使って遊んでいる」と書くのか、「Ａ子やＢ男たちの遊び方を考え、砂を掘ったり固めたりして、見たて遊びをやっている。体験をしている」と書くのか、Ａ子は、山を崩れにくく固めるために、さらさらした質の砂を使ったり、「Ｂ男は、こういうふうにしている」と書いていくのか、同じ場面でも、書き方はいろいろです。具体的なエピソードをさらに細かくなりますが、細やかに記録を読み取り、書いていくことが大事なことです。保育の仕事は、感情が込もった仕事です。知的な判断だけではなく、感性や情動に裏付けられた判断です。子どもも保育者もこの情動（感じて動くこと）にその専門性があり、感じるからこそていねいに見ようとする。見えないものも見えてくるのです。

「学ぶとは、頭に詰め込むことではなく、心に灯をともすこと」とアイルランドの詩人・劇作家のイエーツが言っています。憧れは、子ども自身が心に自分はこうありたいという育ちへの願いの灯をともすことだと思います。その発火装置になるのが、仲間であり、保育者であり、環境であり、保護者ではないかと、思っています。

- 「学ぶとは、頭に詰め込むことではなく、心に灯をともすこと」（イエーツ）
- 憧れという灯は子ども自身がともす。その発火装置としての仲間、保育者、環境、保護者

子どもの安心、夢中、その姿を見とり・見守り・見通し、そして見定める先生の喜びと子どもの姿への夢中、それを家庭や地域社会が安心して支えること、憧れを持って、子どもも保育者も共に育ち合うことによって、信頼が生まれて、幸せが求められるのではないでしょうか。その憧れは幸せな育ちと暮らしにつながるものであってほしいと、願っています。

憧れを持ってともに育ち合うコミュニティ

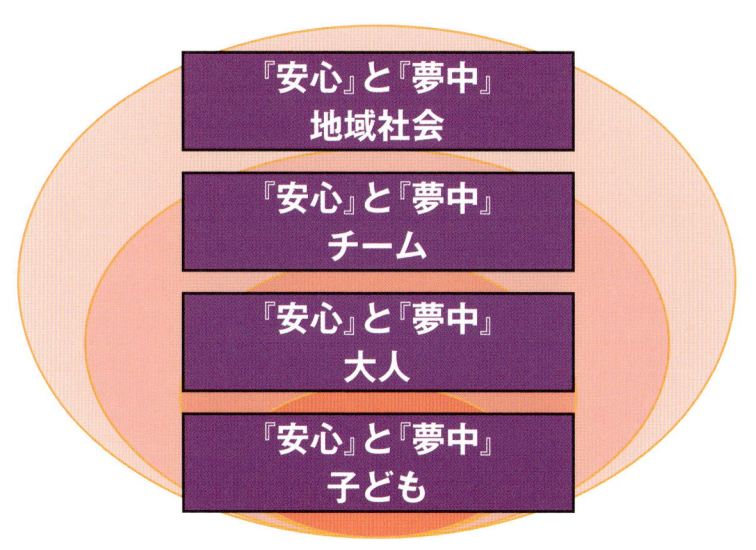

『安心』と『夢中』
地域社会

『安心』と『夢中』
チーム

『安心』と『夢中』
大人

『安心』と『夢中』
子ども

相互の信頼と幸せの希求

園内研修会から学び得たもの

わたしの園では、毎年数回の園内研修会が実施されます。初めは、保育の基本からスタートして、今日では保育者の質の向上に向けた研究指導をいただいています。

この写真でお見せした、子どもたちの笑顔は、この研修会から生まれた笑顔です。

30年前からご指導をいただいている、無藤隆先生・秋田喜代美先生そして野口隆子先生です。

そして、今日では、増田時枝先生・前典子先生・鍋島惠美先生・大澤洋美先生など多くの先生方が、実践保育について、わたしたち保育者を十分に受け止めながら、ご指導くださっています。これからも、よりよい保育を目ざし園内研修会の充実を図っていきたいと思います。

園内研修は、互いの心の対等性が大切だと無藤隆先生は視座を低くして教師を受け止めてくださいます。そして秋田喜代美先生は、わたしたち保育者のよい点を認め、「こうしたら、もっとよくなるかもしれないから……」と、温かく方向づけてくださいます。こうした園内研修会で育ったわたしの園の保育者は、今一番幸せな位置にいるのかもしれません。

子どもの心を学び合う園内研修会のようす。対等性を大切に子どものエピソードに思わず笑顔が。

今日の保育を振り返り、真剣なまなざしで学び合う保育者たち。耐震工事中でも定期に行なわれる園内研修のようすです。

子どもから学んだわたしの保育

　日々の保育の中で、子どもたちの成長を見続けていると、どの子どもも一生懸命前へ前へ進もうとする逞しい力を感じます。それは、どの子どもも皆自分という世界を持ち、その中で自己の葛藤を繰り返しながら大人になろうとしているからです。

　少しでも、他者がその中に土足で踏み込もうものなら、子どもはただちに自分の心を閉ざし、自分でない自分をつくろうのです。しかし、自分にとって必要で価値あるものであれば、子どもは貪欲にいかなる手段を用いても手に入れようとします。そして、自分には、今は必要としないことや関心のないことには見向きもしないものなのです。

　子どもの心を受け入れ、わかり合えるようになるためには、保育者自身が自分が大人である立場を一度横に置き、自分の心を子どもの世界に開放してみることが大切です。心からその子の心の中がわかり合えたとき、その子は、わたしの前で天真爛漫な子どもらしい子どもの姿を見せてくれるのです。こうした人と人がわかり合えることの原点は、形式的学問に縛られた保育方法だけではなく、自分の中で今まで学び続けてきた形式的学修を今一度、子どもの心の中で無形式化し、空気感のようなものの中で、新たな形式をつくり変えていくことであり、そのことがわかり合えることです。それが保育者の資質といわれるものなのだと思います。

　子どもの心にふれあうとき、そこには子どもの波動と光と風と空気感が漂っています。

　伝え合う形式的言葉や表情などだけでなく、そこには複雑な、保育者とその子との心のゆらぎがあります。このゆらぎをいかに受け止め、また自分のゆらぎを相手に受け止めてもらうかによって、その子と自分との間に共感が生まれます。

その世界にふれたとき、その子とわたしの間に、純粋な心のつながりが芽生えるのです。その子の思う力は、限りなく強く、時にはわたしを跳ね返したり巧みにもて遊んだりするときもあります。ここに取り出した写真の真意を読み解くことは、とうていできるものではありません。でも、この写真を取り上げたわたしの解説する心を交えて、子どもの世界観を描き出していただき、それがわかり合えたらきっと子どもの心と保育者の思いを近づけることができるにちがいありません。
　子どもとわかり合える保育が深まっていくと、その子の傍らにいるだけで次の心の波動が伝わり、その子の空気感が保育者の心と共振します。
　保育は、大人たちがかかわりを持つ以上、そこには幼児教育・学校教育・社会教育・家庭教育という営みがあり、教育とするならば、当然そこには、指導の計画性が求められます。
　つまり、保育者の意図とするねらいの実現に向けて、経験すべき方向性である内容にふれさせていくための体験事項をいくつも立案する必要があるのです。この経験すべき内容を、子どもの心から導けることが、わたしはもっとも大切な保育であると考えています。
　実践は、その子と自分との無意識な営みです。しかし、無意識であるからこそ、経験してほしい内容をしっかりと計画していくことが求められます。つまり、経験してほしい内容を計画する段階で、子どもの育ちを十分に自分が計画に感化され生かすことが大切なことです。
　子どもとわかり合えることとは、子どもの価値を自覚することにほかならないのです。

　子どもの幼稚園生活の1年をごいっしょに見ていただければと思います。そして長きにわたる親愛なる友人でもあり、深く幼児教育のご指導をいただいている秋田喜代美先生が、1枚1枚のわたしの取り出した写真に心を寄せ、読み解きのポイントを解説してくださいました。
　今日の保育研究の流れは科学的に細分化され、人間の心である感情までが化学物質によって分類される時代になってしまいました。せめて幼児期こそ、保育哲学で互いの心がわかり合える教育を目ざしたいものです。保育する心は、すべて子どもの心の中から学び得るものです。

おわりに

　わたしは、毎日子どもたちの笑顔と教職員の笑顔に接しながら暮らすことを幸せに感じます。子どもの傍らに身を寄せ感じることは、幼児教育は、とてもシンプルな営みでありながら、考えると奥深く引き込まれる興味深い分野であるということです。

　それは、きっと心がひとりひとりの子どもによって異なり、その傍らに身を寄せる保育者もまたひとりひとり心が異なるからだと思います。わたしが30年前に初めて出会った研究者は、無藤隆先生と秋田喜代美先生でした。園内研究会のたびにお2人の先生からたくさんのことを学び、時には「どこか違う」「間違っている」としかられ、厳しく注意を受けることもありました。今は、すべての教職員がわたしの分身のようなものであり、保護者の方々もわたしを支え信頼してくださるまでに至りました。また、本園を退職した教職員OB会の先生方の支えも大きな力となっています。保育の質は、保育者自身が創りだすもので、その学びは、子どもたちのすなおな笑顔と限りなく純粋で水晶のような瞳の中にあると感じています。大人がすなおに心開く時、子どももすなおに心を開き、わたしの前で天真爛漫な姿を見せてくれます。

　最後に、この本の刊行にあたり秋田喜代美先生とひかりのくに編集長、安藤憲志様の勧めで園の1年間の取り組みを形に表すことができましたこと、心より感謝とお礼を申し上げたいと思います。保育は、子ども達の明日を作る営みです。「今日の今」をしっかりと積み上げていく保育を大切にして欲しいというのがわたしの願いです。

安見　克夫

AKITA

　この対談集が、安見先生の園の案内と受け取られるのではなく、「憧れを育てるホンモノ保育とは」という問いを考える誘いになったなら幸いです。他園事例から学べる学び上手(じょうず)の読者になってくださったら有り難く思います。写真は園や子どもの卓越した魅力を見いだして、映し出された場やモノ、活動と子どもが織り成すかかわりをとらえるのに適したメディアです。過去や今を写すだけではなく、未来へと向かう志が生まれるように思います。1枚の写真を通して前後を推理をしたり、同僚と交流することができます。しかし、写真は撮り手が何を見ているのかのアングルにより制限もされます。動画ほどの情報量もありません。夢中になり対象にかかわる動的姿をとらえるのに写真は適していますが、子どもの悲嘆や苦痛、怒りに対しカメラを向けることは保育者ならしないでしょう。百面相をもたらす心の襞(ひだ)を通して人は育つことも、写真には写りませんが忘れてはならぬことです。

　わたしは、この園に30年間通い、安見先生や先生方、子どもたちから学ばせてもらってきました。りっぱな園舎でもブランド幼稚園でも研究熱心で特に有名な園というわけでもない。地元の保護者が信頼し選んで通ってくる園です。そこで園が時間をかけて質の向上に保育者ひとりひとりが心を砕き、変わっていくのに立ち会わせてもらってきたのは、幸せなことです。どの地域のどの園でも、子どもたちが憧れを持って日々の瞬間がその子にとって輝くときであってほしいと心から願っています。それが確かな未来を創ります。

秋田　喜代美

■著者紹介

秋田 喜代美（あきた　きよみ）
東京大学大学院教育学研究科　教授
●主な著書
『保育の心もち』『保育のおもむき』
『保育のみらい』
（いずれも、ひかりのくに・刊）

安見 克夫（やすみ　かつお）
東京成徳短期大学幼児教育科　教授
学校法人安見学園　理事長
板橋富士見幼稚園　園長
●主な著書（監修）
『園児子育て相談室』（誠文堂新光社・刊）

秋田喜代美と安見克夫が語る
写真で見るホンモノ保育

2013年11月　初版発行

著　者　秋田　喜代美・安見　克夫
発行者　岡本　健
発行所　ひかりのくに株式会社
〒543-0001　大阪市天王寺区上本町3-2-14　郵便振替00920-2-118855
〒175-0082　東京都板橋区高島平6-1-1　郵便振替00150-0-30666
ホームページアドレス　http://www.hikarinokuni.co.jp
印刷所　図書印刷株式会社

乱丁・落丁はお取り替えいたします。　　　　　Printed in Japan
検印省略　　　　　　　　　　　　　　ISBN978-4-564-60833-9 C3037
©2013　Kiyomi Akita , Katsuo Yasumi　　　NDC376　80P　26×19cm

本書のコピー、スキャン、デジタル化等の無断複製は著作権法上での例外を除き禁じられています。本書を代行業者等の第三者に依頼してスキャンやデジタル化することは、たとえ個人や家庭内の利用であっても著作権法上認められておりません。